CATALOGUE

DE

MONNAIES, MÉDAILLES

ET

SCEAUX

FORMANT LA

Collection de M. le Comte DE L'ESPINE

DONT LA VENTE AUX ENCHÈRES PUBLIQUES AURA LIEU

RUE DROUOT, N° 5, SALLE N° 4

Le Mardi 9 Juillet 1867 & Jours suivants

A UNE HEURE PRÉCISE

Me **DELBERGUE-CORMONT**, Commissaire-Priseur, rue de Provence, 8,
Et Me **GAUTHIER**, son Confrère, rue Béranger, 12,
Assistés de MM. **ROLLIN** et **FEUARDENT**, Experts, rue Vivienne, 12, à Paris,
et à Londres, Hay-Market, 27,
CHEZ LESQUELS SE DISTRIBUE LE PRÉSENT CATALOGUE.

EXPOSITION PUBLIQUE

Le Lundi 8 Juillet 1867, de une heure à cinq heures.

PARIS
RENOU & MAULDE
IMPRIMEURS DE LA COMPAGNIE DES COMMISSAIRES-PRISEURS
Rue de Rivoli, 144.

1867

CONDITIONS DE LA VENTE

Elle sera faite au comptant.

Les Acquéreurs paieront, en sus des adjudications, CINQ POUR CENT.

La Collection dont la Vente est aujourd'hui confiée à nos soins est une de ces anciennes Collections dans lesquelles les savants trouvaient de précieux monuments pour leurs travaux scientifiques; le Baron MARCHANT, dans ses Lettres sur la Numismatique et l'Histoire, édition de 1851, y a puisé la presque totalité des Médailles figurées sur les planches 25, 26 et 27.

Nous eussions fait avec plaisir un Catalogue détaillé de cette curieuse réunion de Médailles, que nous croyons être la plus nombreuse qui ait été mise en vente à Paris. Mais ce Catalogue aurait formé plusieurs volumes, et la vente en détail eût été fastidieuse pour les Amateurs, ainsi que pour les Marchands. Pour éviter cet inconvénient, nous avons composé des Lots assez importants, afin de ne fatiguer personne par un trop grand nombre de Vacations; nous ne refuserons pas cependant la division de certains lots, chaque fois que la mise à prix de ces divisions sera convenable et n'entravera en rien la marche de la Vente.

Nous n'essaierons pas de donner un aperçu de toutes les pièces importantes que renferme cette Collection, nous ne pouvons cependant passer sous silence les n°s 47, 138, 412, 413, 416, 426, 453, 471, 478, 480, 491, 528, 561 et 594 de la série Romaine. Parmi les quarante et quelques Mérovingiennes, on pourrait citer le tiers des pièces qui toutes sont de première rareté; quant à la série Baronnale, les nos 980, 993, 1013 et 1035 sont aussi des pièces hors ligne, et nous ne croyons pas être taxés d'exagération, en disant que certains règnes de la suite Lorraine sont incomparables; témoin celui de Léopold, qui est le plus complet de tous les Cabinets d'Europe.

La série des Sceaux est aussi des plus remarquables; le no 1753 est une pièce réellement capitale; elle a servi de frontispice au bel ouvrage de M. Renier Chalon, sur les Monnaies du Hainault.

Nous réclamons l'indulgence de Messieurs les Amateurs, pour le classement de cette dernière série, qui, pour nous, était une tâche toute nouvelle: nous avons fait ce travail en toute hâte, sans pouvoir recourir aux ouvrages héraldiques, et nous avons très-probablement commis bon nombre d'erreurs.

Paris, 25 Juin 1867.

C. R. et F.

DÉSIGNATION

DES

MÉDAILLES

GRECQUES

1. **Catane.** Tête d'Apollon laurée de face. ℞. ΚΑΤΑΝΑΙΩΝ. Figure dans un quadrige allant à gauche ; une Victoire pose une couronne sur la tête du conducteur. AR. [7]

2. **Syracuse.** Tête d'Apollon à g. ℞. ΣΥΡΑΚΟΣΙΩΝ. Lyre. OR [2].

3. **Alexandre** (le Grand). Tête de Pallas à droite. ℞. ΑΛΕ-ΞΑΝΔΡΟΥ. Victoire à gauche tenant une couronne. OR [4].

4. Même médaille avec ΒΑΣΙΛΕΩΣ ΑΛΕΞΑΝΔΡΟΥ. OR. [4].

5. **Athènes.** Tête de Minerve à dr. ℞. ΑΘΕ. Chouette. AR. [6]. 3 p.

6. **Ionie.** Tête de Cérès voilée et couronnée d'épis. ℞. Trépied orné de bandelettes. EL. [2].

ROMAINES (1)

7. **As.** Tête de Janus. ℞. I. Proue de navire. Æ. 13 p.

8. **Triens.** 3 pièces variées. Æ.

9. **Quadrans.** 3 pièces variées. Æ.

(1) Pour les monnaies romaines, jusqu'à **Romulus Augustule**, les numéros cités sont ceux de l'ouvrage de Cohen, *République et Empire romain*, 7 vol.

10. **Sextans**. Coquille. ℟. Caducée et . . Æ. 8 p.

11. **Once**. Tête de Pallas. ℟. Proue et . Æ. 4 p.

12. Sous ce numéro seront vendus des Lots d'As frappés, Médailles grecques en argent et en bronze.

FAMILLES ROMAINES

13. **Aburia**, 3 p. **Aemilia**, 10 p. **Acilia**, 4 p. AR. 17 pièces.

14. **Antestia**, 4 p. **Antonia**, 13 p. AR. 17 p.

15. **Aquilia**, 1 p. **Aurélia**, 2 p. **Baebia**, 4 p. **Carisia**, 1 p. **Cassia**, 5 p. AR. 13 p.

16. **Calpurnia**, 5 p. **Cipia**, 5 p. **Claudia**, 5 p. **Coelia**, 2 p. AR. 17 p.

17. **Cloulia**, 1 p. **Considia**, 1 p. **Cordia**, 2 p. **Cornelia**, 6 p. **Crepusia**, 1 p. **Domitia**, 3 p. AR. 14 p.

18. **Egnatia**, 1 p. **Egnatuleia**, 1 p. **Fabia**, 3 p. **Flaminia**, 1 p. **Fonteia**, 4 p. **Fulvia**, 1 p. **Fufia**, 1 p. **Furia**, 3 p. AR. 15 p.

19. **Herennia**, 2 p. **Hosidia**, 3 p. **Julia**, 27 p. AR. 32 p.

20. **Junia**, 7 p. **Licinia**, 3 p. **Lucretia**, 2 p. **Lucilia**, 2 p. **Lutatia**, 1 p. **Mamilia**, 1 p. **Manlia**, 3 p. AR. 19 p.

21. **Marcia**. AR. 13 p.

22. **Memmia**, 5 p. **Minucia**, 5 p. **Mussidia**, 1 p. **Naevia**, 2 p. **Norbana**, 1 p.

23. **Numonia**. VAALA. Soldat attaquant un retranchement. (Pl. 30, n° 2.)

24. **Pinaria**, 1 p. **Papia**, 1 p. **Plancia**, 1 p. **Plaetoria**, 3 p. **Pompeia**, 2 p. **Pomponia**, 4 p. **Porcia**, 2 p. **Procilia**, 1 p. 15 p. AR.

25. **Quinctia**, 1 p. **Renia**, 1 p. **Roscia**, 1 p. **Rubria**, 2 p. **Rustia**, 1 p. **Satriena**, 1 p. **Scribonia**, 4 p. **Servilia**, 5 p. **Sulpicia**, 2 p. 18 p. AR.

26. **Titia**, 2 p. **Titaria**, 2 p. **Thoria**, 4 p. **Urbinia**, 4 p. 12 p. AR.

27. **Valeria**, 4 p. **Vibia**, 7 p. **Vettia**, 3 p. **Volteia**, 1 p. 14 p. AR.

28. Incertaines des familles romaines. 9 p. AR.

EMPIRE ROMAIN

29. **Pompée.** PIETAS. La Piété debout, à gauche (n° 9). AR.

30. — PRÆF. CLASS., etc. Anapus et Amphinomus (n° 12). AR. 4 p.

30 bis. — A. NASIDIVS. Galère (n° 15). AR.

31. **Jules-César.** A. HIRTIVS. Bâton d'augure, vase de sacrifice (n° 2). OR.

32. — L. BVCA ÆMILIVS. Vénus debout, etc. AR. 3 p. variées.

33. — L. COSSVTIVS en quatre lignes (n° 22). AR.

34. — L. FLAMINIVS IIII VIR. Femme debout à g. (n° 28). AR.

35. — L. LIVINEIVS REGVLVS. Taureau à dr. (n° 29). AR. 2 p.

36. — M. METTIVS. Vénus debout à g. (n° 34).

37. — L. MVSSIDIVS. LONGVS. Gouvernail, globe (n° 31). AR.

38. — P. SEPVLLIVS MACER. Vénus debout (n° 38). AR.

39. — Variété de la même pièce (n° 41). AR.

40. — H. SEMPRONIVS GRACCVS. Enseigne, aigle et charrue (n° 46). AR. 2 p.

41. — Q. VOCONIVS VITVLVS DESIGN. Veau à dr. (n° 44). AR. 1 p.

42. — AVGVST. DIVI. F. LVDOS SAEC. Prêtre salien (n° 20). AR. TB.

43. **Jules César et Antoine.** 3 médailles (n°s 2 et 3). AR.

44. **Jules César et Octave.** M. AGRIPPA COS DESIG. en deux lignes (n° 4). AR.

45. — M. SANQVINIVS III. VIR. Tête de César (n° 1). AR. Fourrée.

46. — DIVVS IVLIVS. Tête laurée de César. ℞. CAESAR DIVI. F. Tête d'Octave (n° 5). GB. TB. Belle patine.

46 bis. — Même médaille. GB. 2 p.

47. **Brutus**. EID. MAR. Bonnet entre deux poignards (n° 4). AR.

48. **Cassius**. LENTVLVL SPINT. Vase de sacrifice et bâton d'augure (n° 2). AR. 2 p.

49. **Sextus Pompée.** PRAEF. CLAS. etc. Trophée (n° 1). AR.

50. — MAG PIVS. etc. Phare de Messine (n° 2). AR.

51. **Lepide et Octave**. LEPIDVS PONT. etc. (n° 2). AR.

52. **Marc Antoine.** CN. DOMIT. AHENOBARBVS. Proue de navire (n° 54). AR.

53. — Variétés de médailles du même règne. AR. 5 p.

54. **Octavie et Antoine**. III. VIR. R. P. C. Bacchus debout, (n° 3). AR. Médaillon.

55. **Cléopâtre et Antoine**. CLEOPATRA, etc. Buste de la reine au revers de celui d'Antoine (n° 1). AR. 2 p.

56. **Lucius Antoine et Marc Antoine**. M. ANT. IMP. III. VIR. R. P. C. M. NERVA PROQ. P. Tête d'Antoine (n° 1). AR. 2 p.

57. — Même médaille avec M. BARBAT. Très-rare (n° 3). AR.

58. **Antoine et Octave**. Famille Barbatia (n° 7). AR. 4 p.

59. — Famille Gellia (n° 9). AR. 2 p.

60. **Auguste**. AVGVSTVS. Six épis (n° 32). AR. Médaillon.

61. — ARMENIA CAPTA. Tiare, deux carquois, etc. (n° 47). AR. F.

62. — AEGYPTO CAPTA. Crocodile (n°s 42 et 43). AR. 2 p.

63. — Sine *Epig.* Victoire debout sur un pavois (n° 253). AR. Q.

64. — C. CAES AVGVST. Caius à cheval, à dr. (n° 82). OR.

65. — C. L. CAESARES, etc. Caius et Lucius debout (n° 86). OR. 2 p.

66. — TR. POT. XXVIIII. Victoire assise (n° 238). OR. Quinaire.

67. — C. ANTISTIVS REGINVS. Instruments de sacrifice (n° 290). AR.

68. — Famille Aquilia (n°s 293 et 297). AR. 2 p.

69. — L. CANINIVS GALLVS III. VIR. Parthe à genoux (n° 307). AR.

70. — Famille Carisia (n°s 310, 311, 312, 317 et 319). AR. 5 p.

71. — Famille Durmia (n°s 331 et 332). AR. 2 p.

72. — L. LIVINEIVS REGVLVS. Victoire à dr. (n° 338). AR.

73. — C. MARIVS, etc. Quadrige à dr. (n° 341). AR.

74. — Prêtre voilé, debout, à g. (n° 340). AR.

75. — L. MESCINIVS RVFVS. Mars debout sur un cippe (n° 346). AR.

76. — TVRPILIANVS III. VIR. Auguste dans un bige d'éléphants allant à g. (n° 358). AR.

77. — Tarpeia écrasée sous des boucliers (n° 371). AR.

78. — Astre sur un croissant (n° 372). AR.

79. TI. SEMPON GRACCVS IIII. VIR. etc. Enseigne, aigle, sceptre et charrue (n° 382). AR.

80. — C. SVLPI PLATORIN. Auguste et Agrippa assis (n° 383). AR.

81. — L. VINICIVS. L. F. III VIR. Cippe (n° 386). AR.

82. — M. AGRIPPA COS. DESIG. en deux lignes (n° 389). AR.

83. — Lot de médailles choisies et revers rares. AR. 22 p.

84. — Lot de médailles de conservation ordinaire. AR. 111 p.

85. **Livie.** PIETAS. Restitution de Titus (n° 8). MB.

86. **Agrippa et Auguste.** M. AGRIPPA PLATORINVS III VIR. Sa tête nue (n° 3). AR.

87. — M. AGRIPPA COS. TER. LENTVLVS. Restitution de Trajan. (n° 4). AR.

88. **Caius César.** AVGVST. Grand candélabre (n° 2). AR.

89. **Tibère.** PONTIF. MAXIM. Livie assise (n° 1). OR.

90. — TR. POT. XXXVI. Victoire assise (n° 19). OR. Quinaire.

91. — Livie assise et quadrige AR. 16 pièces.

92. — TI. CAESAR DIVI AVG. F. AVGVSTVS. Même tête des deux côtés (inédite). AR. Fourrée.

93. **Tibère et Auguste**. DIVOS AVGVST. DIVI. F. Tête d'Auguste; au dessus, un Astre (n° 3). AR.

94. **Drusus et Tibère**. DRVSVS CAES. TI. AVG. COS. II. Tête nue à gauche (n° 2). AR. F.

95. **Néron Drusus**. DE. GERM. Arc de triomphe (n° 1). OR.

96. — Même médaille (n° 2). AR.

97. — DE GERMANIS. Etendard au milieu de deux boucliers (n° 5). OR.

98. — même médaille (n° 6). AR. Fourrée.

99. — PACI AVGVSTÆ. Némésis debout, à dr. (inédite). AR. Fourrée.

100. **Antonia**. CONSTANTIAE AVGVSTI. Cérès debout (n° 2). Fourrée.

101. **Germanicus**. SIGNIS, etc. et *sc*. MB. 3 p.

102. **Germanicus et Caligula**. C. CAESAR, etc., tête laurée de Caligula, à dr. (n° 2). AR.

103. — Variété de la même médaille (n° 5). AR.

104. **Agrippine mère et Caligula**. C. CAESAR AVM. GEREM. P. M. TR. POT. Tête laurée de Caligula à dr. (n° 2). AR.

105. — Même médaille, la tête de Caligula nue (inédite). AR. TB.

106. **Nero et Drusus** (césars). NERO ET DRVSVS CAESARES. Les deux césars à cheval au galop à dr. MB.

107. **Caligula**. S. P. Q. R. P. P. OB. C. S., dans une couronne (n° 8). AR.

108. — S. P. Q. R. P. P. OB. CIVES SERVATOS, id. (n° 23). GB.

109. — **Caligula et Auguste**. DIVVS AVG. PATER PATRIAE. Tête radiée d'Auguste, à dr. (n° 2). AR. TB.

110. — Deux variétés de la même pièce (n°s 2 et 6). AR. 2 p.

111. — Sans légende, tête d'Auguste entre deux étoiles (n° 9). OR.

112. — Même médaille (n° 10). AR. 2 p.

113. — Même médaille frappée en Crète.

114. **Claude I**[er]. CONSTANTIAE AVGVSTI. La Constance assise à g. (n° 5, var. inédite). AR. TB.

115. — IMPER. RECEPT. Ecrit sur un camp (n° 35). OR.

116. — S. P. Q. R. P. P. OB. C. S., dans une couronne (n° 67). OR.

117. — Pièces variées de revers et de date. AR. 8 p.

118. **Agrippine jeune et Claude.** AGRIPPINAE AVGVSTAE. Tête d'Agrippine ; au revers de Claude (n° 4). AR. 2 p.

119. **Agrippine et Néron.** AGRIPP. AVG., etc. Deux figures dans un quadrige d'Éléphants allant à g. (n° 2). OR.

120. — Même médaille (n° 3). AR. 2 p.

121. — NERONI CLAVD. etc. EX. S. C. dans une couronne (n° 6). AR.

122. — NERO CLAVD. etc. buste de **Nero Caesar**, à g. (n° 4). AR.

123. **Néron Caesar et Claude.** NERO, etc. Buste de Néron jeune; au revers de Claude (n° 6). AR. 2 p.

124. **Néron Caesar.** EQVESTER ORDO, etc., sur un bouclier (n° 9). AR.

125. — SACERD. COOPT, etc. Simpule trépied, etc. (n° 55). OR.

126. — Même médaille (n° 56). AR. Fourrée.

127. **Néron Empereur.** AVGVSTVS GERMANICVS. Néron radié, debout à g. (n° 5). OR.

128. — CONCORDIA AVGVSTA. La Concorde assise à g. (n° 7). OR.

129. — IANVM CLVSTI, etc. Le Temple de Janus (n° 11). OR.

130. — IVPPITER CVSTOS. Jupiter assis à g. (n° 12). OR. 2 p.

131. — Variété de la même médaille (n° 14). OR.

132. — ROMA. Rome assise à g. (n° 52). OR.

133. — SALVS. La Santé assise à g. (n° 59). OR. F.

134. — Sans légende. Victoire assise à dr. (n° 69). AR. Quinaire.

135. — Pièces choisies et revers rares. AR. 8 p.

136. — Médailles moins belles AR. 21 p.

137. **Néron et Poppée**. ΠΟΠΠΑΙΑ ΣΕΒΑΣΤΗ. Buste de Poppée à dr. POT. Mod. 6.

138. **Clodius macer**. L. CLODI MACRI CARTHAGO S. C. Buste tourelé de la ville de Carthage à dr. ℞. SICILIA. Triquetra avec la tête de Méduse (nº 8). AR.

139. **Interrègne** (1). FIDES PRAETORIANORVM. 2 mains jointes. (Pl. VII, nº 6.) AR.

140. — SIGNIA. P. R. Trois enseignes. etc. (Pl. IX, nº 33). AR.

141. — SALVS GENERIS HVMANI. Victoire à g. sur un glóbe (pl. X, nº 49). AR. 2 p.

142. — Même pièce. La Victoire à dr. (nº 52). AR.

143. — PAX ET LIBERTAS. Deux mains tenant un caducée (nº 48). AR.

144. — SALVS ET LIBERTAS. Menerve debout à dr. (nº 57). AR.

145. — ROMA. Rome assise à g. sur une cuirasse tenant la Victoire dans sa dr., le coude g. appuyé sur un bouclier. ℞. PAX PR. Deux mains tenant un caducée, un pavot et deux épis, (inédite). AR.

146. **Galba**. HISPANIA. Buste de la Province à dr. ℞. SER. GALBA IMP. L'Empereur galopant à dr. (nº 2). AR.

147. — ROMA RENASCENS. Rome debout à dr. ℞. Le même (nº 3). AR.

148. — VIRTVS. Buste de la Valeur à dr. ℞. Galba à g. (nº 6). AR.

149. — IMPERATOR GALBA. Sa tête laurée à dr.; dessous un globe. ℞. AVGVSTVS P. R. Magnifique arc de Triomphe ; au dessus, un quadrige, (inédite). AR. Fourrée.

150. — CONCORDIA PROVINCIARVM. La Concorde debout à g. (nºs 13 et 16). AR. 2 p.

(1) Toutes ces curieuses médailles ont été publiées dans la *Revue française*, année 1862, par M. le duc de Blacas. Nous renvoyons aux numéros des planches de ce Recueil.

151. — HISPANIA. L'Espagne debout à g. (nº 42). OR.

152. — Même type (nºs 39 et 41). AR. 2 p.

153. — VICTORIA GALBAE AVG. Victoire debout à dr. sur un globe (nº 84). AR. Quinaire.

154. — Pièces choisies et revers rares. AR. 12 p.

155. — Médailles moins belles AR. 17 p.

156. **Othon.** PONT. MAX. Vesta assise à g. (nº 4). AR.

157. — PAX ORBIS TERRARVM. La Paix debout à g. (nº 2). AR.

158. — SECVRITAS P. R. La Sécurité debout à g. (nº 16). AR.

159. — Médailles mal conservées et fourrées. AR. 6 p.

160. — **Vitellius.** LIBERTAS RESTITVTA. La Liberté debout à dr. (nº 23). AR.

161. — Lot de pièces choisies, revers variés. AR. 9 p.

162. — FIDES EXERCITVVM. Deux mains jointes (nº 67). MB.

163. — LIBERTAS RESTITVTA. La Liberté debout à dr. (nº 71). MB.

164. — VICTORIA AVGVSTI. Victoire érigeant un trophée (nº 96). MB.

165. **Vitellius et ses enfants.** LIBERI IMP. GERMAN. Bustes en regard du fils et de la fille de Vitellius (nº 4). AR. F.

166. **Vitellius père et son fils.** L. VITELLIVS COS. III. CENSOR. Buste lauré et drapé de Vitellius père à dr.; devant, une aigle romaine (nº 2). AR.

167. **Vespasien.** COS. III. FORT. RED. La Fortune debout à g. (nº 45). OR.

168. — COS. VII. Vache allant à dr. (nº 57, inédite en OR). OR.

169. — Variété de la même pièce; la Tête à g. (nº 58). OR.

170. — COS. VIII. Vespasien couronné par la Victoire (nº 64). OR.

171. — IVDAEA. La Judée assise au pied d'un trophée (nº 107). OR.

172. — TITVS ET DOMITIAN, etc. Titus et Domitien assis (nº 191). OR.

173. — VESTA. Temple rond, à quatre colonnes (nº 212 variée). OR.

173 bis. — IMP. CAES. Vespasien dans un quadrige. ℞. VESP. AVG. Victoire debout sur une proue (n° 211). AR.

173 ter. — Médailles choisies, mod. ord. et quinaire. AR. 9 p.

174. — Médailles moins belles, revers variés. AR. 80 p.

175. — Moyens bronzes, revers variés. MB. 4 p.

176. **Vespasien, Titus et Domitien.** CAES. etc. Bustes affrontés de Titus et de Domitien (n° 4). AR. 2 p.

177. **Domitille.** CONCORDIA AVGVST. Paon à dr. (n° 1). AR. Fourrée.

178. **Domitille jeune.** MEMORIÆ DOMITILLÆ. Char attelé de deux mules (n° 1). GB.

179. **Titus.** ÆTERNITAS. L'Éternité debout à g. (n° 3). OR.

180. — ANNONA AVG. Femme assise à g. (n° 4). OR.

181. — COS. IIII. Taureau cornupète à dr. (n° 15). OR.

182. — COS. VI. Rome assise sur des armes (n° 28). OR.

183. — NEP. RED. Neptune debout à g. (n° 46). OR.

184. — PONTIF TR. P. COS. IIII. Victoire debout sur un autel entouré de Serpents (n° 65). OR.

185. — Pièces choisies et revers rares, AR. 9 p.

186. — Lot de médailles moins belles, AR. 40 p.

187. **Julie** (fille de Titus). VESTA. Vesta assise à g. MB.

188. **Domitien.** CERES AVGVST. Cérès debout à g. (n° 16). OR.

189. — COS. IIII. Corne d'abondance remplie de fruits (n° 22). OR.

190. — COS. V. Sarmate à genoux présentant une enseigne (n° 26). OR.

191. — GERMANICVS COS. XIIII. Pallas debout à g. (n° 58). OR.

191 bis. — GERMANICVS COS. XV. Le type suivant. OR.

192. — IMP. XI COS. XII CENS. P. P. P. Germaine en pleurs, assise sur un bouclier (n° 74, variée). OR.

193. — PRINCEPS IVVENT. L'Espérance debout à g. (n° 203). OR.

194. — Médailles d'argent, module du quinaire. AR. 6 p.

195. — Médailles choisies et revers rares. AR. 10 p.

196. — Médailles moins belles. AR. 115 p.

197. — IOVI VICTORI. Jupiter assis à g. GB.

198. **Domitia.** CONCORDIA AVGVST. Paon à dr. (n° 3). AR.

199. — DIVVS CAESAR IMP. DOMITIANI. F. Le fils de Domitien assis sur un globe (n° 6). AR. Fourrée.

200. — DOMITIA AVGVSTA IMP. DOMIT. Son buste à dr. ℞. ROMA. Rome assise à g., tenant le Palladium (inédite). AR. Fourrée.

201. — **Nerva.** CONCORDIA EXERCITVVM. Deux mains jointes (n° 11). OR.

202. — FISCI IVDAICI, etc. Palmier (n° 83). GB.

203. — VEHICVLATIONE, etc. Deux Mules paissant (n° 122). GB.

204. — Médailles d'argent, revers variés. AR. 43 p.

205. **Trajan.** COS. V. P. P. S. P. Q. R. OPTIMO PRINC. dans une couronne (n° 54). OR.

206. — FORT. RED. COS. VI. P. P. S. P. Q. R. La Fortune assise (n° 90), OR.

207. — FORVM TRAIAN. Édifice à six colonnes (n° 95). OR. B.

208. — PARTHICO P. M. TR. T. COS VI P. P. S. P. Q. R. Tête radiée du soleil (n° 153). OR.

209. — S. P. Q. R. OPTIMO PRINCIPI. Victoire assise (n° 246). OR. Quinaire.

210. — ID. Trajan au galop à dr., terrassant un ennemi (n° 261). OR. 2 p.

211. — Médaille d'argent, module du quinaire. AR. 6 p.

212. — Médailles choisies et revers rares. AR. 20 p.

213. — Médailles de médiocre conservation. AR. 158 p.

214. — REX PARTHIS DATVS. Trajan sur une estrade (n° 375). GB.

215. **Trajan et Trajan père.** DIVVS PATER TRAIAN. Trajan père assis à gauche (n° 88). AR. 4 p.

216. **Trajan, Trajan père et Nerva.** DIVI NERVA ET TRAIAN. PAT. Bustes de Nerva et de Trajan père en regard (n° 1). OR. Fruste.

217. **Plotine.** CAES. AVG., etc. Vesta assise à g. (n° 1). OR.

218. **Marciane.** EX SENATVS CONSVLTO. Marciane dans un char traîné par deux éléphants allant à g. (n° 9). AR.

219. **Matidie.** CONSECRATIO. Aigle sur un sceptre à g. (n° 4). AR.

220. **Hadrien**, COS. III. L'Espérance allant à g. (n° 174). OR. Quinaire.

221. — COS. III. Hadrien à cheval à dr. (n° 161). OR. TB.

222. — FORT. RED. DIVI NER., etc. La Fortune assise à g. (n° 250). OR.

223. — LIBERALITAS AVG. VII. La Libéralité debout à g. (n° 307). OR. TB.

224. — ORIENS P. M. TR. P., etc. Buste radié du Soleil (n° 333). OR.

225. — P. M. TR. P. COS. III. Jupiter debout, de face (n° 357). OR. 2 p.

226. — Médailles choisies et revers rares. AR. 31 p.

227. — Médailles moins belles. AR. 220 p.

228. — RESTITVTOR ORBIS TERRARVM. L'Empereur relevant une femme prosternée (n° 1083). GB.

229. — ADVENTVI AVG. MAVRETANIAE. L'Empereur et la Province debout sacrifiant sur un autel (n° 620). GB.

230. — Moyens bronzes, revers variés. MB. 3 p.

231. **Sabine.** CONCORDIA AVG. La Concorde assise à g. (n° 2). OR.

232. — Variété de la même pièce (n° 3). OR.

233. — Sans légende. Vesta assise à g. (n° 27). OR.

234. — Médailles d'argent variées de coiffures et de revers. AR. 21 p.

235. **Ælius Cæsar.** PIETAS TRIB. POT. COS. II. La Piété debout (n° 13). OR. TB.

236. — Médailles d'argent, revers variés. AR. 13 p.

237. **Antonin.** COS. IIII. Antonin debout à g. (n° 124). OR.

238. — Variété de la même médaille (n° 125). OR.

239. — LÆTITIA COS. IIII. Cérès debout à g.; devant elle, Proserpine debout (n° 172). OR.

240. — FIETAS TRIB POT. COS. La Piété debout (n° 213). OR.

241. — PIETATI. AVG. COS IIII. La Piété debout à g. (n° 218). OR.

242. — TR. POT. COS. II. La Piété debout à dr.; la tête d'Antonin à g. (n° 277, variété inédite). OR.

243. — Antonin debout à g. (n° 310). OR. TB.

244. — TR. POT. XV COS IIII. Antonin debout à g. (n. 323). OR.

245. — VOTA SOL DECEN. II. COS. IIII. Antonin voilé à g. (n° 356). OR.

246. — VOTA SVSCEPTA DEC. III. COS. IIII. Même type (n° 359). OR.

247. — Médailles choisies et revers rares. AR. 20 p.

248. — Mêmes pièces, moins belles. AR. 176 p.

249. — DIVO PIO. Autel (n° 580). GB.

250. **Antonin et Marc-Aurèle.** Trois variétés. AR. 7 p.

251. **Faustine mère.** AVGVSTA. Diane debout à g. (n° 25). OR.

252. — AVGVSTA. Cérès debout à g. (n° 32). OR.

253. — Sans légende. Temple à six colonnes (n° 119). OR.

254. — Médailles variées. AR. 70 p.

255. **Galère Antonin et Faustine mère.** Légende effacée; buste de Galère Antonin; au revers, de sa mère (n° 2). GB. Fruste.

256. **Marc-Aurèle.** TR. POT. VIII. COS II. Rome debout à g. tenant une Victoire.

257. — TR. POT. XV. COS. III Marc-Aurèle dans un quadrige (n° 271). OR.

258. — TR. P. XX. IMP. IIII. COS. III. Victoire debout, de face (n° 286). OR.

259. — Médailles choisies, revers rares, etc. AR. 20 p.

260. — Médailles moins belles. AR. 126 p.

261. — CONSECRATIO. Aigle enlevant l'empereur (n° 438). GB.

262. — ID. Bûcher en pyramide (n° 440). GB.

263. **Faustine jeune**. VENERI FELICI. Colombe à dr. (n° 79). OR.

264. — Médailles choisies, revers rares, etc. AR. 15 p.

265. — Mêmes pièces, moins belles. AR. 36 p.

266. **Annius Verus?** S. C. dans une couronne. P. B. 2 variétés.

267. **Lucius Verus**. REX ARMEN. DAT. TR. P. IIII. IMP. II. COS. II. Vérus assis à g. sur une estrade (n° 39). OR.

268. — Médailles d'argent variées. AR. 30 p.

269. — CONCORD. AVGVSTOR. TR. P. COS. II. Aurèle et Vérus debout se donnant la main (n° 114). GB.

270. **Lucille**. PIETAS. La Piété debout à g. (n° 17). OR. F.

271. — Médailles avec revers variés. AR. 21 p.

272. **Commode**. Médailles avec revers rares. AR. 4 p.

273. — Médailles choisies, revers rares, etc. AR. 20 p.

273 bis. — Médailles moins belles. AR. 80 p.

274. — HERCVLI ROMANO. Massue (n° 537). GB.

275. **Crispine**. Médailles avec revers variés. AR. 6 p.

276. **Pertinax**. LÆTITIA TEMPOR. COS. II. La Joie debout à g. (n° 10). AR. TB.

277. — OPI DIVIN. TR. P. COS. II. La Richesse assise à g. (n° 14). AR. 2 p.

278. — LÆTITIA TEMPORVM COS. II. La Joie debout à g. (n° 33). MB. 2 p.

279. **Dide Julien**. CONCORD. MILIT. La Concorde debout à g. (n° 9). GB.

280. — P. M. TR. P. COS. La Concorde debout à g. (n° 11). GB.

281. **Manlia Scantilla.** IVNO REGINA. Junon debout à g. (n° 2). AR.

282. — IVNO REGINA. Junon debout à g. (n° 5). GB.

283. **Didia Clara**. HILAR. TEMPOR. L'Allégresse debout à g. (n° 2). AR.

284. — Même médaille (n° 3). GB. 2 p.

285. **Pescennius Niger**. MINER VICTRIX. Minerve debout à g. tenant une Victoire (n° 35). AR.

286. — SALVTI. AVG. La Santé debout à dr. sacrifiant (n° 41). AR. F.

287. **Albin**. 3 Médailles avec revers variés. AR. 3 p.

288. — Mêmes Médailles moins belles. AR. 16 p.

289. — 2 Médailles, revers variés. GB. 2 p.

290. **Septime Sévère**. P. M. TR. P. XVII COS. III. P. P. Fleuve couché à dr. tenant une rame et un buccin? devant lui, une partie antérieure de quadrupède (n° 325). AR.

291. — Médailles rares des deux modules. AR. 5 p.

292. — Médailles choisies et revers rares. AR. 20 p.

293. — Médailles moins belles. AR. 160 p.

294. — VICTORIÆ BRITANNICÆ. Deux Victoires soutenant un bouclier attaché à un palmier (n° 650). GB. B.

295. **Sévère et Caracalla**. ÆTERNIT. IMPERI. Bustes en regard de Sévère et de Caracalla (n° 1). AR.

296. **Julia Domna**. 2 Pièces rares, 2 modules. AR. 2 p.

297. — Médailles avec revers variés. AR. 23 p.

298. — Mêmes Pièces, moins belles. AR. 40 p.

299. **Julie Domna, Caracalla et Geta**. ÆTERNIT. IMPERI. Bustes en regard de Caracalla et Geta (n° 1). AR.

300. **Caracalla**. SECVRITAS PERPETVÆ. La Sécurité assise à dr. GB. 2 p.

301. — 3 Médailles avec revers rares. AR. 3 p.

302. — 20 Médailles choisies. AR. 20 p.

303. — Médailles de conservation ordinaire. AR. 123 p.

304. **Plautille**. Pièces choisies, revers variés. AR. 4 p.

305. — Médailles moins belles. AR. 11 p.

306. **Geta**. Médailles choisies et revers rares. AR. 13 p.

307. — Médailles moins belles. AR. 40 p.

308. **Macrin**. Médailles variées, grand et moyen module. AR. 4 p.

309. — Mêmes Médailles moins belles. 22 p.

310. — PONT. MAX TR. P. COS. PP. La Foi militaire tenant deux enseignes (n° 95). GB.

311. — Id. La Sécurité debout à g. (n° 94). GB.

312. — La Fidélité debout à g. (n° 102). MB.

313. — SECVRITAS TEMPORVM. La Sécurité debout à g. (n° 121). MB.

314. **Diaduménien**. PRINC. IVVENTVTIS. Diaduménien debout à g., avec trois enseignes (n° 6). AR.

315. — Variété de la même pièce. 2 enseignes (n° 3). AR.

316. — Mêmes Médailles (n° 14). GB. 2 p

317. — Mêmes Pièces (n° 15). MB.

318. — **Elagabale**. Médailles choisies, revers rares. AR. 18 p.

319. — Médailles moins belles. AR. 100 p.

320. — **Julia Paula**. CONCORDIA. Les deux revers. AR. 2 p.

321. — Mêmes Pièces moins belles. AR. 4 p.

322. **Aquilia Severa**. CONCORDIA. Les deux revers. AR. 3 p.

323. **Soaemias**. VENVS CAELESTIS. Vénus debout à g. (n°7). AR. Quinaire.

323 bis. — Médailles variées. AR. 11 p.

324. **Maesa**. Médailles des deux modules. AR. 8 p.

325. — — — — 23 p.

326. — PIETAS AVG. La Piété debout, à g. GB. B.

327. **Sevère Alexandre**. PAX AETERNA AVG. La Paix debout à g. (n° 74). OR.

328. — LIBERALITAS AVG. IIII. La Libéralité debout à g. (n° 55), AR. Quinaire.

329. P. M. TR. P. VII. COS. II P. P. Romulus allant à dr. portant une haste et un trophée (n° 156). AR. Quinaire.

330. — Médailles choisies et revers rares. AR. 31 p.

331. — P. M. TR. P. VIII. COS. III. P. P. Alexandre dans un quadrige au pas à dr. (n° 369). MB. B.

332. **Orbiana**. CONCORDIA AVGG. La Concorde assise à g. (n° 1). AR. 2 p.

333. — CONCORDIA AVGVSTORVM. L'Empereur et l'Impératrice debout (n° 12). GB. 2 p.

334. — Id. La Concorde assise à g. (n° 11). MB.

335. **Mamée**. PAX AETERNA AVG. La Paix debout à g. tenant un rameau et un sceptre (inédite). AR. Quinaire.

336. — Médailles variées. AR. 22 p.

337. — FELICITAS PVBLICA. La Félicité debout à g. appuyée sur une colonne (n° 41). GB.

338. **Maximin Ier**. Médailles variées. AR. 37 p.

339. **Pauline**. CONSECRATIO. Paon de face (n° 1). AR.

340. **Maxime**. PIETAS AVG. Vases pontificaux (n° 1). AR. 2 p.

340 bis. **Gordien d'Afrique père**. SECVRITAS AVGG. La Sécurité assise (n° 12). G. B.

341. **Gordien d'Afrique fils**. PROVIDENTIA AVGG. La Providence debout à g. (n° 2). AR. TB.

342. **Balbin**. CONCORDIA AVGG. Deux mains jointes (n° 3). AR.

343. — PIETAS MVTVA AVG. Même type (n° 9). AR. 2 p.

344. — PROVIDENTIA DEORVM. La Providence debout (n° 12). AR.

345. — P. M. TR. P. COS. II. P. P. Balbin debout à g. (nº 10). AR.

346. — PAX PVBLICA. La Paix assise à g. (nº 8). AR. F.

347. — VICTORIA AVGG. Victoire debout à g. (nº 13). AR.

348. **Pupien**. AMOR MVTVVS AVGG. Deux mains jointes (nº 2). AR.

349. — CARITAS MVTVA AVGG. Même type (nº 3). AR.

350. — CONCORDIA AVGG. La Concorde assise à g. (nº 6). AR.

351. — P. M. TR. P. COS. II P. P. La Félicité debout à g. (nº 17). AR.

352. — PROVIDENTIA DEORVM. La Providence debout à g. (nº 19). AR.

353. — Deux revers variés. GB. 2 p.

354. — CONCORDIA AVGG. La Concorde assise à g. (nº 24). GB.

355. **Gordien III**. IOVI STATOR. Jupiter debout de face (nº 45, mais en or). OR.

356. — Médailles choisies, revers rares. AR. 40 p.

357. — Mêmes pièces. AR. 209 p.

358. — **Philippe père**. Médailles choisies, revers rares. AR. 25 p.

359. — Mêmes pièces. AR. 140 p.

360. **Otacilie**. Médailles choisies. AR. 10 p.

361. — Mêmes pièces. AR. 40 p.

362. — Moyens bronzes, revers variés. MB. 3 p.

363. **Philippe fils**. Médailles choisies. AR. 11 p.

364. — Mêmes pièces, moins belles. AR, 30 p.

365. — SAECVLARES AVGG. Cippe avec COS. II. MB. B.

366. **Trajan Dèce**. Médailles choisies. AR. 13 p.

367. — Mêmes pièces. AR. 50 p.

368. — VICTORIA AVG. Victoire passant à dr. Æ. Médaillon.

369. — DACIA LIBERALITAS. 2 revers. MB. 2 p.

370. **Etruscille**. Revers variés. AR. 8 p.

371. — Mêmes pièces. AR. 16 p.

372. — PVDICIDIA AVG. La Pudeur assise à g. MB. 2 p.

373. **Etruscus**. Revers variés et pièces choisies. AR. 7 p.

374. — Mêmes médailles. AR. 16 p.

375. — PIETAS AVGG. Mercure debout à g. GB.

376. — PRINCIPI IVVENTVTIS. Etruscus debout à g. GB.

377. **Hostilien**. Médailles variées. AR. 8 p.

378. — PRINCIPI IVVENTVTIS. Hostilien debout à g. GB.

379. — Id. La Paix assise à g. GB.

380. **Trébonien Galle**. Pièces choisies, etc. AR. 19 p.

381. — Mêmes Médailles ordinaires. AR. 40 p.

382. **Volusien**. Médailles choisies, etc. AR. 12 p.

383. — Mêmes pièces. AR. 26 p.

384. — IVNONI MARTIALIS. Temple rond. GB.

385. **Emilien**. Médailles choisies. revers variés. AR. 6 p.

386. — Mêmes pièces, moins belles. AR. 10 p.

387. **Valérien pere**, IOVI CONSERVATORI. Jupiter debout à g. (n° 63). AR. Quinaire.

388. — ORIENS AVGG. Le Soleil debout à g. (n° 85). AR. Quinaire.

389. — Médailles choisies, revers rares. AR. 20 p.

390. — Mêmes pièces. AR. 80 p.

391. **Mariniana**. Médailles choisies, 3 revers variés. AR. 4 p.

392. — Mêmes pièces. AR et PB. 6 p.

393. — CONSECRATIO. Paon de face. MB.

394. **Gallien**. AEQVITAS AVG. L'Equité debout à g. (n° 33). OR. Tiers de sol.

395. — FORTVNA REDVX. La Fortune debout à g. (n° 171). OR. Tiers de sol.

396. — GALLIENVS AVG. Son buste lauré à dr. La poitrine nue. R. VICTORIA AVG. Victoire Passant à g. tenant une couronne et une palme (variété inédite). AR. Quinaire.

397. — VICTORIA AVGG. Victoire debout à g. appuyée sur un bouclier. (Var. inéd. du n° 610.) AR. Quinaire.

398. — Médailles choisies et revers rares. AR. 20 p.

399. — Mêmes médailles, moins belles. AR. et PB. 92 p.

400. **Salonine**. PIETAS AVGG. Salonine assise à g.; près d'elle trois enfants (n° 59). AR. Quinaire.

401. — Médailles avec revers variés. AR. et PB. 21 p.

402. **Salonin**. PRINCIPI IVVENTVTIS. Salonin debout à g. tenant une enseigne et la haste (n° 41). AR. Quinaire.

403. — Salonin debout à g.; à ses pieds, une captive (n° 77). MB.

404. — Médailles variées du même règne. AR et PB. 70 p.

405. **Valérien jeune ?** 3 variétés de revers. AR. 14 p.

406. **Macrien jeune**. APOLINI CONSERVA. Apollon debout à g. (n° 2). AR. F.

407. — ROMÆ ÆTERNÆ. Rome assise à g. (n° 8). AR.

408. — SOL INVICTO. Le Soleil debout à g. (n° 9). AR.

409. **Quietus**. Le même (n° 9). AR.

410. — VICTORIA AVGG. Victoire allant à g. (n° 12). AR.

411. **Postume**. QVINQVENNALES POSTUMI AVG. Victoire debout à dr., écrivant X sur un bouclier (n° 142). OR. TB.

412. — P. M. TR. P. COS II. PP. Postume casqué, debout à g., tenant la haste et un globe. Médaille unique (n° 113). AR. Quinaire.

413. — HRECVLI ERVMANTINO. Hercule marchant à dr., portant un sanglier sur ses épaules; à ses pieds un taureau (n° 52, var. inédite, les deux têtes à g.). AR. B.

414. — Médailles choisies, revers variés. AR. 26 p.

415. — Mêmes pièces. AR. 80 p.

416. **Victorin**. DEFENSOR ORBIS. Victorin et Hercule debout à dr. combattant trois figures nues, dont deux sont déjà renversées; pièce unique un peu fracturée; c'est l'exemplaire même publié par le baron Marchant, qui, dans son dessin, a complété la pièce (n° 18). AR.

417. — Médailles variées, buste à droite et à gauche. PB. 6 p.

418. **Laelien**. VICTORIA AVG. Victoire allant à dr. (n. 3). PB.

419. **Marius**. Revers variés. PB. 5 p.

420. **Claude II**. Revers variés. PB. 8 p.

421. **Quintille**. Revers variés. PB. 6 p.

422. **Aurélien**. CONCORDIA. AVG. Aurélien et Severine debout (n° 44). MB. B.

423 — Médailles choisies, revers variés. PB. 8 p.

424. — Severine. PB. 6 p.

425. **Vabalathe et Aurélien**. VABALATHVS VCRIMOR. Buste de Vabalathe; au revers, d'Aurélien (n° 1). PB.

426. **Tétricus père**. COMES AVG. Victoire debout à g., tenant un palme et une couronne (n. 4). AR.

426 bis. — Médailles variées de revers. PB. 6 p.

427. **A. Tétricus fils**. Revers variés. PB. 4 p.

428. **Tacite**. Revers variés. PB. 8 p.

429. **Florien**. Revers variés. PB. 8 p.

430. **Probus**. SECVRITAS SÆCVLI. La Sécurité assise à g. (n° 34). OR. TB.

431. — MONETA AVG. Les trois Monnaies debout (n° 72). Bronze. médaillon. *Mod.* 10.

432. **Carus**. Revers variés. PB. 8 p.

433. **Carus et Carinus**. SÆCVLI FELICITAS. Carus debout à dr., tenant la haste et un globe dans le champ S. (n. 9).

434. **Numérien**. Revers variés. PB. 4 p.

435. **Carinus**. Revers variés. PB. 8 p.

436. **Magnia Urbica**. Revers variés. PB. 8 p.

437. **Dioclétien**. IOVI CONSERVAT AVG. Jupiter debout à g.; pièce de grand module, poids 6 g. 4 décig. (n. 31). OR. B.

438. — ORIENS AVG. Le Soleil marchant à g. (n° 68). OR. TB.

439. — XCVI et A. Q. dans une couronne (n° 99). AR. TB.

440. — F. ADVENT. VVG. N. N. L'Afrique debout à g., à l'exergue P (nº 22). AR. TB.

441. — VICTORIA SARMAT. Quatre figures sacrifiant devant la porte d'un camp, à l'exergue C (nº 84). AR.

442. — PROVIDENTIÆ et VIRTVS. Même type. AR. 5 p.

443. **Maximien Hercule.** HERCULI VICTORI. Hercule assis de face ; à l'exergue PR. OR.

444. - XC. VI. dans une couronne, deux variétés. AR.

445. — Légende et type du nº 440, à l'exergue S. (nº 28, variété). AR.

446. — Légende et type du nº 441 (nº 81). AR.

447. — VIRTVS MILITVM. Porte de camp ouverte avec les battants, à l'exergue P. T. R. (nº 101, variété). AR. TB. E. D. C.

448. — Même médaille, sans les battants (nº 102). AR. Quinaire.

449. — Id. Quatre figures devant un camp; deux variétés. AR. 4 p.

450. — VOT. XX. AVGG. dans une couronne (nº 462). PB. Quinaire.

451. **Carausius.** ......CTATE VENI. La Bretagne ? debout donnant la main à Carausius; à l'exergue, S. R. (nº 13). AR.

452. — ROMANOR. RENOV. La Louve allaitant Romulus et Remus, à l'exergue R. S. R. (nº 33). AR.

452 bis. — PAX, etc. La Paix et Mars debout. PB. 5 p.

453. **Carausius, Dioclétien et Maximien Hercule.** CARAVSIVS ET FRATRES SVI. Bustes des trois empereurs a g. ℞. PAX AVGG. La Paix debout à g.; dans le champ, S. P., à l'exergue C. (nº 1). PB.

454. **Allectus.** LÆTIT. AVG. La Joie debout à g. PB.

455. — PAX AVG. S. P. La Paix debout. PB.

456. — VIRTVS AVG. Galère avec quatre rameurs, sans la femme debout; à l'exergue Q. R. (nº 65). PB.

457. **Constance Chlore.** XCVI dans une counne. AR. B.

458. — PROVIDENTIÆ AVGG. Quatre figures devant un camp. AR. B.

459. — VICTORIA SARMAT. Même type. AR. TB.

460. — VIRTVS MILITVM. Id. AR. 2 p.

461. — VOT. X. SIC. XX dans une couronne (unique? n° 67). AR. Quinaire.

462. **Hélène**. Étoile dans une couronne (n° 8). PB. TB.

463. — PAX et SECVRITAS. Les deux types et deux modules. PB. 6 p.

464. **Théodora**. PIETAS ROMANA. Théodora debout. PB. 2 p.

465. **Galère-Maximin**. PROVIDENTIÆ AVGG. Quatre figures sacrifiant devant un camp. AR.

466. — VICTORIA SARMAT. Même type. AR.

467. — VIRTVS MILITVM. Même type, deux variétés. AR. 3 p.

468. **Valéria**. VENERI VICTRICI. Vénus debout, variées. MB. 3 p.

469. **Sevère II**. Revers variés. MB. 8 p.

470. **Maximin II** (Daza.) SOLI INVICTO COMITI. Le Soleil dans un quadrige de face, à l'exergue R. T. R. (n° 21). Billon.

470 bis. — VIRTVS MILITVM. Porte d'un camp, à l'exergue T. R. (n° 29). AR. Quinaire.

471. — MAXIMINVS NOB CAES. Buste de Maximin à g., tenant de la dr. un globe surmonté de la Victoire; de la g. un magnifique bouclier sur lequel sont placés les deux empereurs, conduits par la Victoire; au-dessous, quatre guerriers vaincus. ℞. MAXIMINVS NOBILISSIMVS CÆSAR. L'empereur debout à g.; à ses pieds, un autel; derrière lui, la lettre E; à l'exergue, A. N. T. (Inédite). MB.

471 bis. — Moyens et petits bronzes variés. 8 p.

472. **Maxence**. Moyens et petits bronzes. 10 p.

473. **Romulus**. AETERNÆ MEMORIÆ. Temple. MB. 3 p.

474. — Mêmes médailles. PB. 2 p.

474 bis. — Mêmes médailles, avec le buste drapé à dr. (n° 11 PB.

475. **Licinius père**. Revers variés. MB. et PB. 8 p.

476. **Licinius fils**. Revers variés. PB. 4 p.

477. **Licinius père et Licinius fils**. Bustes des deux princes soutenant une Victoire. ℞. I. O. M. ET. VICT. CONSER. D. D. N. N. AVG. ET CÆS. Jupiter debout; couronné par la Victoire; à l'exergue, S. M. V. A. (nº 2). MB. B.

478. **Licinius père et Constantin Ier**. IMP. LICINIVS AVG. Tête nue de Licinius à dr. ℞. IMP. CONSTANTINVS P. F. AVG. Tête nue de Constantin Ier à d. (nº 2, unique?) PB. Quinaire.

479. **Constantin Ier**. COLASTANTINVS AVC. (En légende rétrograde). Buste lauré de Constantin Ier à g. ℞. CONZTANTINNZ AVG. Victoire passant à g. tenant une palme et une couronne; à l'exergue YZ. MOB. (inédite, petit médaillon, poids 6 gr.) OR. 5.

480. — GAVDIVM. ROMANORVM FRANCIA. La France assise à gauche, derrière elle un trophée (nº 61). OR. TB.

481. — PRINCICI IVVENTVTIS. Constantin debout à dr. tenant une haste et un globe; à l'exergue, P. TR. (nº 85). OR.

482. — RESTITVTORI LIBERTATIS. Rome présentant un globe à l'Empereur debout. P. TR. (nº 93). OR.

483. — SECVRITAS REIPVBLICÆ. La Sécurité debout (nº 97). OR. Tiers de sol.

484. — SOLI COMITI AVG. Le Soleil présentant la Victoire à l'Empereur debout; à l'exergue SIRM. (nº 99). OR.

485. — VIRTVS MILITVM. Porte d'un Camp. P. TR. (nº 150). AR. F. D. C.

486. — Même type (nº 151). AR. Quinaire.

487. — ℞. CONSTANTINVS P. F. AVG. Son buste diadémé à dr. avec le paludamentum. ℞. VICTORIA. D. D. N. N. AVGG. Victoire passant à g.; à l'exergue TRE. (Inédite). AR. 5 p.

488. — Sans légende. Tête diadémée de Constantin Ier à dr. ℞. CONSTANTINVS AVG. Constantin debout à g. tenant le labarum avec le monogramme du Christ et un sceptre; à l'exergue S. M. TR. Il manque un morceau de la pièce (inédite). AR. 6. Médaillon.

489. — CONSTANTINOPOLIS. Buste de Fausta ? à dr. ℞. P. R. la Paix debout à g. (n° 12). PB.

490. — Buste casqué de Rome ou de Constantinople à g. ℞. X. dans une couronne, à l'exergue TR. (inédite). AR. Quinaire.

491. **Hélène ou Fausta**. Buste diademé d'une Impératrice à dr. ℞. K dans le champ. (Coh., page 183, n° 5, variée.) AR. Quinaire.

492. **Fausta**. Médailles de fabriques variées. PB. 4 p.

493. **Crispus**. Revers variés. PB. 8 p.

494. **Delmatius**. GLORIA EXERCITVS. Deux soldats debout. PB. 2 p.

495. **Constantin II**. GAUDIVM ROMANORVM. SARMATIA. La Sarmatie assise près d'un trophée (n° 27). OR. Quinaire. F.

496. — PRINCIPI IVVENTVTIS. Constantin debout à g. tenant un étendard et un sceptre. TR. (n° 33). OR.

497. — VOTA PVBLICA. Anubis debout à g. tenant un rameau et un caducée (n° 201). PB. Quinaire.

498. **Constant Ier**. OB VICTORIAM. TRIVMFALEM. Deux Victoires debout tenant une couronne sur laquelle on lit VOT. X. MVLT. XV. à l'exergue TR. (n° 41). OR.

499. — SPES REIPVBLICÆ. Constant debout, couronné par la Victoire. SIS. (n° 53). OR.

500. — VICTORIÆ. D. D. N. N. AVGG. Deux Victoires tenant une couronne dans laquelle on lit VOT. X. MVLT. XX. Exergue TR. (n° 82). OR. 2 p.

501. — CONSTANS. P. F. AVG. Trois Enseignes militaire. TES (n° 1). AR. Médaillon.

502. — GAVDIVM. POPVLI ROMANI. Couronne au milieu. SIC. V. SIC. X; à l'exergue SIS (n° 8). AR. Médaillon.

503. — GAVDIVM. ROMANORVM. Etendard avec VOT. X. MVLT. XX. Au pied deux captifs. TR (n° 11). AR Médaillon.

504. — VICTORIA D. D. etc. 3 revers différents. AR. 4 p.

505. **Constantius II.** GLORIA REIPVBLICÆ. Rome et Constantinople assises de face, tenant un bouclier sur lequel on lit VOT. XXX. MVLT. XXXX; à l'exergue S. M. K. (n° 80). OR.

506. — TRIVMPHATOR GENTIVM BARBARARVM. Constance debout à g. tenant un étendard TES (n° 41). AR. Médaillon. TB.

507. — VICTORIA AVGVSTORVM. Victoire marchant à g. tenant une couronne et une palme, devant elle à ses pieds une longue palme; à l'exergue SIS (n° 42 variés). AR., id. B.

508. — VIRTVS EXERCITVS. Soldat debout à dr. à l'exergue C. A. (n° 52). AR., id. B.

509. — FELICITAS PERPETVA. Victoire allant à g. AQ. (n° 62). AR. TB.

510. — PAX AVGVSTORVM. Constance debout à g. TR. (n° 81.) AR.

511. — SPES REPVBLICÆ. Constance debout à g. TES. (n° 105). AR.

512. — VICTORIA D. D. N. N. AVGG. Victoire à g. TR. (n° 134). AR. TB.

513. — Une pièce avec LVG (n° 129). AR.

514. — VICTORIA AVGVSTI. Même type. R. (n° 110). AR.

515. — VICTORIA AVGVSTORVM. Même type. SIS. (n° 114). AR.

516. — VOT., etc., dans une couronne. AR. 7 p.

517. — VICTORIA AVG. N. N. Victoire assise à dr. écrivant, VOT. X. sur un bouclier (n° 172). BR. Médaillon.

518. **Vetranio.** HOC SIGNO VICTOR ERIS. Victoire couronnant l'Empereur. A. SIS. (n° 7). MB. B.

519. **Magnence.** VICTORIA. AVG. LIB. ROMANOR. La Victoire et la Liberté debout tenant un trophée. TR. (n° 15). OR.

520. — FELICITAS, etc. Victoire passant à g. (n° 8). AR.

521. **Décence.** Revers variés. MB. 4 p.

522. **Constantius Gallus.** Sans légende. Étoile dans une couronne de laurier. R. (n° 16). AR.

523. **Julien II.** VIRTVS EXERCITVS ROMANORVM. Julien debout traînant un captif par les cheveux. SIRM. (n° 29). OR.

524. — Sans légende. Étoile dans une couronne. T. CON. (n° 46). AR.

525. — FL. CL. IVLIANVS AVG. Son buste diadémé à dr. ℞. VICTORIA PERPETV. Victoire passant à g. tenant une palme et une couronne; à l'exergue TR. (Inédite). AR.

526. — VICTORIA et VOTIS. Victoire et couronne. AR. 10 p.

527. — SECVRITAS REIPVB. Bœuf Apis. MB. 2 p.

528 — D. N. FL. IVLIANVS P. F. AVG. Buste diadémé et cuirassé de Julien à g. tenant une Victoire sur un globe et un bouclier avec la Louve allaitant Romulus et Rémus; dans le champ, la contremarque de Modène, ℞. VOTA PVBLICA. Isis et Osiris terminés en serpents debout, soutenant un vase duquel sort un serpent. (Inédite). MB. TB.

529. — DEO SANCTO NILO. Le Nil couché à g. (n° 56). P. B.

530. — VOTA PVBLICA. Isis assise allaitant Orus (n° 96). PB. TB.

531. — Isis allant à g. tenant un sistre et un seau (le buste de Serapis à g. non radié (n° 101), variété.) PB.

532. — Id. Isis debout sur un vaisseau (n° 112). PB.

533. — Id. Femme assise à terre tenant une corne d'abondance (n° 115). PB.

534. **Julien II** ET **Hélène**. VOTA PVBLICA. Femme debout à g. se retournant et tenant un globe (n° 8). PB.

535. **Hélène**, femme de Julien. VOTA PVBLICA. Isis marchant à gauche, tenant un sistre et un seau (n°s 7 et 8). PB. 2 p.

536. — Id. Isis debout à dr. sur un vaisseau (n° 15). PB. Quinaire.

537. — Id. Isis debout à g., la droite levée (n° 21). PB.

538. — Id. Anubis debout à g. (n° 24). PB.

539. — Id. Isis et Anubis debout, l'un tenant un sistre, l'autre un caducée (n° 31). PB. Variété inédite ?

540. **Jovien**. VOTA PVBLICA. Harpocrate debout à g. (n° 28). PB. Quinaire.

541. — VOT. V. 3 variétés. PB. 3 p.

542. **Valentinien I**[er]. FELIX ADVENTVS AVG. M. Valentinien à cheval à g., levant la droite. A l'exergue, S.M.A.Q. (n° 1). OR. Médaillon.

543. — RESTITVTOR REIPUBLICÆ. Valentinien debout. A l'exergue, RT. Centre, S.M.K.R. Autre, S.M.N.S. (n° 26). OR. 3 variétés.

544. — VOT. V. MVLT. X. Dans une couronne, S.M.A.Q. (n° 12). AR. Médaillon.

545. — VICTORIA AVGVSTORVM. Victoire debout à dr. écrivant. VOT. V. MVLT. X. Sur un bouclier, RT. (n° 8). AR. Médaillon.

546. — VIRTVS EXERCITVS. L'Empereur debout tenant le labarum. SISC. P. (n° 11). AR. Médaillon.

547. — VOT. V. MVLT. X. et RESTITVTOR, etc. AR. 2 p.

548. — MONETA AVGG. Les trois Monnaies debout (n° 51). Æ. Petit médaillon, module 8.

549. **Valens**. RESTITVTOR REIPVBLICÆ. Valens debout. S.M.NI. Autre. V. ONSTA (n° 32). OR. 2 p.

550. — VOT. V. MVLTIS. X. Dans une couronne, T.R.P.S. (n° 29). TB. AR. Médaillon.

551. — Même pièce avec S.M.L.A.P. AR. Médaillon. F.

552. — RESTITVTOR REIP. L'Empereur debout. AR. 4 var.

553. — VRBS ROMA. Rome assise et VOT. X. AR. 4 var.

554. **Procope**. VOT. V. Dans une couronne, S.M.N. (n° 4). AR. Fruste.

555. **Gratien**. VICTORIA AVGG. Gratien et Valentinien assis. A l'exergue, TR. Autre, OB.T. (n° 24). OR. 2 p.

556. — GLORIA ROMANORVM. Rome assise. SM.SPV. (n° 20). AR.

557. — VIRTVS ROMANORVM. Rome assise. A.Q.P.S. (n° 32). AR.

558. — VOT. V. MVLT. X. Dans une couronne, S.M.N. Autre, VOT. X. MVLT. XX. A.Q.P.S. (n°s 36 et 39). AR. 2 p.

559. — VRBS ROMA. Rome assise (n°s 46 et 47). AR. 3 p.

560. **Valentinien II.** VICTORIA AVGG. Valentinien et Gratien assis. Exergue, AQ.OB.F. Autre, TR.OB.S. Autre, TR.OB.T. (n° 16). OR. 3 p.

561. — D. N. VALENTINIANVS. P.F.AVG. Son buste jeune diadémé à dr. ℟. VICTORIA AVGVSTORVM. Victoire à demi nue assise à dr. et écrivant. VOT. V. MVLT. X. sur un bouclier. Dans le champ, le monogramme du Christ. A l'exergue, CON. OB.; poids, 2 gr. 2 décigr. (inédite). OR. Demi-sou. B.

562. — Même buste. ℟. GLORIA ROMANORVM. Valentinien nimbé debout à dr. se retournant à g., la gauche levée, un globe dans la droite; à l'exergue, A.Q.P.S. (inédite). AR. Médaillon.

563. — VICTORIA AVGGG. Victoire passant. R.P.TRPS. (n° 18). AR. 2 modules.

564. — VIRTVS ROMANORVM. Rome assise. A.Q.P.S. (n° 26). AR.

565. — VOT. X. MVLT. XX. et VRBS ROMA. (n°s 29 et 31). AR. 3 p.

566. **Théodose Ier.** CONCORDIA AVGGG. Rome assise. CONOB. (n° 11). OR. TB.

567. — Variété de la même pièce (n° 13). OR.

568. — VICTORIA AVGGG. Victoire passant. A.Q.P.S. (n° 22). AR.

569. — VRBS ROMA, et VOT., etc. AR. 5 p.

570. **Flaccille.** 4 p. variées. MB et PB.

571. **Magnus Maximus.** VICTORIA AVGVSTORVM. Victoire allant à g. S. M.T.R. (n° 10). OR. Tiers de sou.

572. — Même médaille. AQ.PS. (n° 11). AR.

573. — VIRTVS ROMANORVM. Rome assise (n° 12). AR. 3 p.

574. — SPES ROMANORVM. Porte de camp (n° 15). PB. 2 p.

575. **Victor.** VICTORIA AVGVSTORVM. Victoire marchant à g. AQPS. (n° 3). AR.

576. — VIRTVS ROMANORVM. Rome assise. A.Q.P.S. (n° 5). AR.

577. — Même médaille. MD.PS. (n° 6). AR.

578. **Eugène.** VRBS. ROMA. Rome assise. LVG.PS. (n° 7). AR.

579. — VICTORIA AVGVSTORVM. Victoire allant à g. Dans le champ, TR.; à l'exergue, COM. (n° 4). OR. Tiers de sou.

580. — Même médaille frappée avec le coin de l'or. AR.

581. **Honorius**. CONCORDIA AVGG.B. Rome assise de face. CONOB. (n° 7). OR.

582. — VICTORIA AVGGG. Honorius debout. 3 variétés (n° 21). OR. 6 p.

583. — VICTORIA AVGVSTORVM. Victoire allant à dr. COMOB. R. V. (n° 24). OR. Tiers de sou.

584. — Sans légende. Deux Femmes casquées assises de face. A l'exergue, COM.OB. (n° 40). OR.

585. — VICTORIA AVGG. Victoire passant à g. A l'exergue, N.D. (n° 14), AR. Quinaire.

586. — Revers ordinaires. AR. 5 p. variées.

587. **Galla Placidia**. Sans légende. Croix dans une couronne. Pièce un peu fracturée (n° 15). AR. Quinaire.

588. **Constantin III**. VICTORIA AVGGG. Constantin debout à dr. posant le pied sur un captif. TR.OBS. (n° 3). OR

589. — Même pièce, avec VICTORIA AVGGG. et L.P. COMOB. (n° 4). OR.

590. — VICTORIA AVGGG. Rome assise. TRMS. Autre, KONT (n° 5). AR. 2 p.

591. **Jovin**. VICTORIA AVGG. Jovin debout à dr. TR. OBS. (n° 5). OR.

592. — VICTORIA AVGG. Rome assise à g. TRMS. (n° 4). AR.

593. **Maxime**. Même type. SMB. Sur cette pièce, on lit seulement D.N. MA.. MVS. AVG. (n° 1). AR.

594. **Sébastien**. Même type, KONT (n° 1). AR.

595. **Jean**. VICTORIA AVGGG. Jean debout de face. R.V. COMOB. (n° 2). OR.

596. — Légende rognée. Victoire traînant un captif (n° 9). PB. 2 p.

597. **Valentinien III**. Sans légende; croix dans une couronne. 4 pièces variées de fabrique (n° 26 et seq.) OR. 4 p.

598. — GLORIA ROMANORVM. Victoire debout à g. tenant une longue croix. ANQS.; pièce un peu fracturée (n° 2). AR.

599. DN. VALENTINIANVS P. F. AVG. Son buste à dr. ℞. VIRTVS, R.......... Rome assise à g.; dans le champ, devant elle, une étoile. A l'exergue, TRPS. (inédite). AR. Quinaire.

600. **Avitus**. VICTORIA AVGG. Avitus debout. AR. CONOB. (n° 2). OR.

601. **Majorien**. Même type (n° 1). OR.

602. — VOTIS MVLTIS. Majorien debout tenant un bouclier. Pièce un peu fracturée (n° 6). AR.

603. — VICT. AVGGG. Victoire debout à g. (n° 13 var.). PB.

604. **Sévère III**. SALVS REIPVBLICÆ dans une couronne. A l'exergue, CONOB. (n° 1). OR. Demi-sou.

605. — VICTORI AVGGG. Victoire debout (n° 3). OR. 2 p. Tiers de sou.

606. — VICTORI AVGGG. Sévère debout le pied sur un dragon. R.M. et CONOB. (n° 6). OR.

607. — Sans légende, croix dans une couronne (n° 12). OR. Tiers de sou.

608. — Sans légende. Monogramme du Christ dans une couronne. A l'exergue, R.M. (n° 11). AR.

609. **Anthemius**. D. N. ANTHEMIVS P. F. AVG. Son buste diadémé à dr. ℞. SALVS REIPVBLICÆ. Monogramme du Christ au milieu d'une couronne. COMOB. (n° 11). OR. Demi-sou. TB.

610. **Jules Nepos**. VICTORIA AVGGG. Victoire debout à g. Dans le champ, R.V. Exergue, COMOB. (n° 3). OR.

611. — Sans légende; croix dans une couronne (n° 10). OR. Tiers de sou.

612. — R.V. Rome debout à g., le pied sous une proue (n° 8). AR.

613. **Romulus Augustule.** Sans légende ; croix dans une couronne (n° 3). OR. Quinaire.

614. Sous ce numéro seront vendus des quantités de lots de Médailles de grand, moyen et petit bronze.

615. Plusieurs lots de Médailles *d'or*, *d'argent* et de bronze fausses.

MONNAIES BYZANTINES

Les numéros mis à la suite de chaque pièce sont ceux de l'ouvrage de Sabatier, 2 vol. in-8°, 70 planches.

616. **Arcadius.** VICTORIA. ROMANORVM. Victoire passant à dr. (n° 24). OR. Tiers de sou.

617. — VICTORIA AVGGG. Victoire passant à g. MD. (n° 26). AR. 7. p.

618. — VIRTVS ; VRBS ROMA et VOT. AR. 7 p.

619. **Théodose II.** GLORIA ORVIS TERRAR. Théodose debout. CON. OB. (n° 3). OR.

620. — VOT. XXX. MVLT. XXXX. Rome assise, 3 variétés de lettres (n° 14). OR. 3 p.

621. — Sans légende. Trophée CON. OB. (n° 16). OR. Tiers de sou.

622. — VICTORIA AVGVSTORVM. Victoire passant à dr. tenant un globe et une couronne. CON. OB. (variété inédite). OR. Id. 2 p.

623. **Eudoxie.** IMP. XXXXII COS. XVII. P. P. Constantinople assise à g. (n° 7). OR.

624. — Sans légende, croix dans une couronne (n° 3). OR. Tiers de sou.

625. **Marcien.** VICTORIA AVGGG. Θ. Victoire debout à g. tenant une longue croix (n° 4). OR.

626. — Sans légende. Croix dans une couronne (n° 9). OR. Tiers de sou.

627. — Monogramme de Marcien dans une couronne PB. 2 p.

628. **Pulchérie**. SALVS REIPVBLICAE. Victoire assise à dr. (n° 2.) OR. Fruste.

629. — Sans légende. Croix dans une couronne (n° 9). OR. Fruste.

630. **Léon Ier**. VICTORIA AVGGG. B. Victoire marchant à g. (n° 4). OR.

631. — VICTORIA AVGG. Victoire assise à g. (n° 9). OR. Demi-sou.

632. — VICTORIA AVGVSTORVM. Victoire debout à g. (n° 9). OR. Tiers de sou.

633. — P. N. LEO. PERPETVVS AUG. Son buste, diadémé à d. R. Monogramme du Christ dans une couronne. R. M. (inédite), AR. Quinaire.

634. **Zénon**. VICTORIA AVGGG. Victoire marchant à g. (n° 1). OR. 2 p. variées.

635. — Sans légende. Croix dans une couronne. (n° 7). OR. Tiers de sou.

636. — MD. Figure militaire debout à g. (n° 12). AR.

637. — Sans légende. Aigle éployé (n° 14). AR. 2 p. variées.

638. **Basiliscus**. Sans légende. Croix dans une couronne (n° 7). OR. Tiers de sou.

639. **Anastase**. VICTORIA AVGG. G. A. Victoire debout à g. (n° 1). OR.

640. — VICTORIA AVGVSTORVM. Victoire regardant à g. (n°5). OR. Quinaire. 3 p. variées.

641. **Justin Ier**. Sol d'or barbare, légende rétrograde. OR. 1 p.

642. — VICTORIA AVGGG. Victoire passant à dr. (n° 6). OR. Tiers de sou. 5 p. variées.

643. **Justinien Ier**. VICTORIA AVGVSTORVM. Victoire debout, de face (n° 5). OR. Tiers de sou. 4 p. variées.

644. — D. N. VVITIGES REX. En quatre lignes dans une couronne AR.

645. **Maurice Tibère.** VICTORIA AVGVSTORVM. Victoire debout. (n° 5). OR. Tiers de sou. 2 p.

646. **Focas.** Φ. K. Dans une couronne. AR. Quinaire.

647. **Héraclius Ier et Héraclius II.** VICTORIA AVGY. Croix sur des degrés (n° 48 bis). OR.

647 bis. **Héraclius Ier**, **Eudocie**, **Héraclius II.** Buste de face de son fils ; au revers, de leur fils (n° 47). AR.

648. **Constant II.** VICTORIA AVGVS. Croix sur des degrés. (n°2). OR.

649. **Constantin IV** et ses frères. Les deux frères de Constantin debout (n° 5). OR.

650. **Léon III et Constantin V.** Buste de Constantin ; au revers, de son père (pl. 39, n° 33). OR.

651. **Théophile.** Buste de Théophile des deux côtés (pl. 43 n° 9). OR.

652. **Constantin XIII.** IHS. XPS. REX REGNANTIωN. Le Christ assis de face (pl. 50, n° 4). ON.

653. **Manuel Ier** (de Trébizonde). AR. 6 p.

654. **Jean II.** Id. Id. AR. 5 p.

655. **Alexis II.** Id. Id. AR. 4 p.

GAULE

656. **Massilienses.** ΜΑΣΣ A. Livre à dr. AR. 6 p.

656 bis. — Variétés de la même pièce. AR. 6 p.

657. — MA. Roue. AR. 2 p. et ΜΑΣΣΑ. Taureau. AR. et Æ. 3 p.

658. **Cabellio?** SEX. F. Tête jeune. ℞. T. POM. Bœuf. Æ.

659. **Sequanes.** Tête imberbe à g. ℞. .... ANO.... Sanglier à g.

660. — Id. (Togerix, chef). TOGIRI. Tête casquée à g. ℞. Cheval courant à g. AR.

661. — (Q. Doci, chef). Q. DO. Tête casquée. ℞. SAM. F. Q. DOCI. Cheval courant à g. AR. 3 p.

662. — Médaille en potin du même peuple. Pot. 3 p.

663. **Eduens**. Tête casquée à g. ℞. KAA. EΔOY. Cheval courant à g. AR. 3 p.

664. — Même médaille. 7 variétés. AR. 11 p.

665. — (chef éduen). Tête casquée à dr. ℞. DVBNO... Cheval courant à dr. AR.

666. **Arvernes**. Tête d'Apollon à dr. ℞...NNO.. Figure dans un bige à dr. OR.

667. — (Vergasilamus, chef). VERGA. Tête imberbe à g. ℞. Cheval au pas à dr. Æ.

668. **Bituriges?** Tête d'Apollon à dr. devant une couronne. ℞. Char conduit par un aurige; devant, une couronne; dessous, un aigle éployé. OR. 4 p.

669. — Même Tête. ℞. Char à g.; dessous, une couronne. OR? 2 p.

670. **Caletes** (chefs). SENODON et ATEVLA. AR. 4 p.

671. **Senons**. Tête chevelue à dr. ℞. Cheval à g. Pot.

672. — (chef). Tête imberbe à dr. ℞. ILLYCCI. Oiseau à g.

673. **Lingons**. Tête de bœuf de face. ℞. Ours. Pot.

674. **Catalaunes**. Buste de face. ℞. Sanglier à dr. Pot. 2 var.

675. **Rêmes**. Trois têtes accolées. ℞. REMO. Bige à g. Æ.

676. — (Atisios, chef). ATISIOS. Tête de chef à g. ℞. Lion à g.; dessous, un dauphin. Æ.

677. **Bellovaques**. Tête laurée à dr. ℞. Bige au galop à dr.; dessous, une rosace. Or. 2 p.

678. — Même pièce, le bige à g. OR. 2 p.

679. **Nerviens**. Tête barbare à dr. R. Cheval courant à dr.; dessous, XXX. OR. 3 p.

680. — (chef). Même tête. ℞. VIROS. Cheval à g. OR. 4 p.

681. **Atrebates**. Arbuste. ℞. Lisse. 2 variétés. OR.

682. — Variété de la même pièce. OR.

683. **Morins**. Cheval à dr. ℞. Lisse. OR. 5 p. variées.

684. **Trevires**. Grand œil entouré de grènetis. ℞. Cheval courant à g.; dessous, rouelle; dessus et devant, quatre étoiles. OR. 2 p.

685. — (*Hirtius*, chef). HIRTIVS. Éléphant à dr. ℞. Instruments de sacrifice. Æ. TB.

686. — (*Induciomare*, chef). Tête à dr. ℞. GERMANVS INDVTILII. Taureau à dr. Æ.

687. **Mediomatrikes**. Tête d'Apollon à dr. ℞. Pégase courant à dr. OR. 2 p.

688. — Tête d'Apollon à dr. ℞. Cheval à dr. se retournant; au-dessus, un rameau. OR. 5 p.

689. — Même médaille. OR. 2 p.

690. — Tête imberbe à dr. ℞. MEDIOMA. Pégase courant à dr. Æ.

691. **Leukes**. Tête d'Apollon à dr. ℞. Bige à dr.; dessous, rouelle. (Pièce concave.) OR. 4 p.

692. —? Même tête. ℞. Bige à g.; dessous, fleurs à quatre pétales. OR. 2 p.

693. — Tête barbare à g. ℞. Sanglier (3 variétés). Pot. 6 p.

694. Sous ce numéro seront vendus plusieurs lots de pièces non déterminées.

FRANCE

PREMIÈRE RACE. — MÉROVINGIENNES

695. **Amiens?** AMBIANIS FI. Buste à dr. ℞. MAVRO MO. Croix dans une couronne posée sur des degrés (inédite). OR.

696. **Autun**. FA AVSO TEA. Buste à g. ℞. TEVDVLT. Croix chrismée avec A. C. OR. TB.

697. **Bannassac** (Lozère). Buste à dr.; devant, un rameau. ℞. TELAFIVS MONETA. Calice. OR. TB.

697 bis. — BAN. Buste à dr. ℞. GAVALETANO F. Calice. OR.

698. **Carcassonne?** CVASANORDV. Buste drapé à dr. ℞. Légende barbare; monogramme du Christ. OR.

699. **Chalon**. CABILONNO. Buste de face. ℞. ABBONE. Croix avec C. A. OR.

700. — CABILONNO FIT. Buste à dr. ℞. BAVDOMERE. Croix haussée avec C. A. OR.

701. **Cologne**. COLONIA CIVETATE. Croix avec A. C. ℞. SVNONE MONET. Buste barbu à dr. OR. TB.

702. — ? D. N. IVSTINIANVS. Buste à dr. devant C. O. ℞. VICTORIA AVGOS. Victoire debout de face; à l'exergue, CON. OR.

703. **Dorestadt**. ΔORESTATEI. T. Buste à dr. ℞. MAΔE-LINUS. N. Croix haussée. OR.

704. — Même Médaille, avec ΔORESTATI FIT. OR. 2 p.

705. **Lausanne** (Première Lausona). LAVSONAN CIVẸTATE LIZ. Croix sur trois degrés au milieu d'une couronne. ℞. RA-GNVIIVS MUNETARIVS. Buste diadémé à dr. (inédite). OR. TB.

706. **Marseille**. MAVRICI TIB. P. P. A. Buste de Maurice Tibère à dr. ℞. IIIVORI AVTOAV. Croix sur un globe dans le champ. MA et VII; à l'exergue, ONOE. OR.

707. **Mayence**. MOGONCIACV FIT. Croix sur un globe. ℞. CONDE-RADVS MO. Buste à dr. OR. TB.

708. **Moyenvic** (Meurthe). MEDIANO VICO. Buste à dr. ℞. TRA-SVLFO. MONE. Croix avec C. A. dans une couronne (inédite). OR. TB.

709. **Namur**. NAMVCO. C. Buste à dr. ℞. ADELO. M. Croix dessous une étoile. OR. TB.

709 bis. — Même buste à dr. ℞. BERTETANDO. Croix dessous un globe. OR.

710. **Neufvic** (en Lorraine). NOVO. VICO. Croix sur un globe. ℞. FLAVLFVS. Buste à dr. OR. TB.

711. **Soissons?** SVESSION.... Buste à dr. ℞. INL.... O. MONωT. Croix chrismée avec C. A. (inédite). OR.

712. **Toul** TVLLO FET. Profil droit. ℞. AVNEGISELO. Croix avec un grand chapelet suspendu aux branches (inédite). OR. TB.

712 bis. **Trèves**. TREVERIS CIVITATE. Buste à dr. ℞. VICTVRIA AGS. TR. M. Victoire debout à g., tenant un globe crucigère dans le champ, devant une étoile. OR. TB.

713. **Strasbourg**. SRVB... CO. Tête à dr. ℞. AC. MO. Enfant debout, les bras étendus. OR.

714. **Utrecht**. TRIIECTO. FIT. Buste diadémé à dr. ℞. RIMOALDVS. M. Croix haussée et doublée. OR. TB.

715. **Vich. Duerstède**. VVICO FIT. Calvaire. ℞. ELA. MONET. Tête à dr. OR.

716. **Vic** (sur Seille). BODESIO VICO FIT. Buste à dr. ℞. TRASOALDVS MO. Croix avec A. Ɔ. OR. TB.

PIÈCES A CLASSER

717. MVN VIR. SIV. Buste de face avec une longue chevelure. ℞. AVNOALDVS. Croix ancrée (fabrique des environs de Paris). OR. TB.

718. CANNACO. Buste à dr. ℞. B. TINO. Croix (attribuée à *Cyney*, du Liégeois). OR.

719. IINARIVS (rétrograde). Buste de profil à g. ℞. SAMARAC. Croix ancrée (inédite). OR. TB.

720. PATIGASO. Buste à dr. ℞. DEORIGISI. MV. Croix cantonnée de quatre points dans une couronne (attribuée à *Patinge* en Berry). OR. TB.

721. Légende barbare. Buste lauré à dr. ℞. HT. Le monogramme du roi Thierry ? OR.

722. ✝. CAPAINDI ✝ FILIO. Buste diadémé à dr. ℞. VENTAEINI. F. Deux figures grotesques debout se donnant la main; les autres mains levées. OR. TB.

723. IVAM... Buste à g. ℞. Figure assise sur une base tenant sur la gauche une petite statuette portant une croix. OR.

724. Légende barbare. Buste à g. ℞. Légende AGOALSO III (rétrograde). Croix dessous un globe, le haut cantonné de deux points. OR. (Dorestadt ?)

725. Légende rognée. Croix. ℞. Croix. OR.

726 AVITVS. Buste diadémé à dr. ℟. Monogramme composé des lettres R. E. S. F. E. (inédite). OR. TB.

726 bis. — Pièces barbares, etc, etc. OR. 8 p.

DEUXIÈME RACE. — CARLOVINGIENNES

727. **Charlemagne**, *Melle*. MEDOLVS en légende circulaire; au milieu, rosace. Denier.

728. — *Arles*. ARELA. Croix (pièce fracturée). Denier.

729. — *Tours*. TVRONIS. Monogramme par K. Denier.

730. — CAROLVS en 2 lignes. ℟. Etoile. Denier.

731. — (Pièce postérieure). METVLLO. Obole et deniers. 3 p.

732. **Louis Ier**. *Dorestadt*. HLVDOVVICVS IMP AVG. Buste lauré dr. ℟. DORESTATVS . Navire. Denier. F. D. C.

733. — — HLVDOVVICVS IMP. Croix. ℟. DORESTVTVS en 3 lignes. Denier; rogné.

734. — *Venise*. VENECIAS en 2 lignes. Denier. TB.

735. — *Pavie*. PAPIA en 1 ligne. Id.

736. **Louis II** (d'Italie). XPISTIANA RELIGIO. Temple. Denier. 6 p.

737. **Pepin Ier** (d'Aquitaine). AQVITANIA en 2 lignes. Obole.

738. **Eudes**, **Charles III**, Otto, etc. Deniers et oboles. 7 p.

739. **Louis de Germanie**. *Strasbourg*. GENTINA CVNAS en 2 lignes. Denier. 2 p.

TROISIÈME RACE. — CAPÉTIENNES

740. **Louis VI**, *Paris*; **Philippe II**, *Paris* et *Arras*. Denie 4 p.

741. **Louis IX**. Gros et Deniers. 11 p.

742. **Philippe III**. Cros. 2 p.

743. — *Masse ou chaise*, PHILIPVS, etc. Le roi assis; dans le champ, 2 lis. OR. B.

744. **Philippe IV.** Gros, deniers et oboles. 21 p.

745. — *Masse d'or ou royal dur.* PHILIPPVS, etc. Le roi assis au milieu d'un cercle à 8 lobes. OR.

746. **Louis X.** Gros tournois. AR.

747. **Philippe V.** Gros tournois. AR. Fourée.

748. **Charles IV.** ¼ gros. AR. 2 p.

749. — *Double royal.* KOL, etc. Le roi sous un portique. OR.

750. **Philippe VI.** *Ecu.* PHILIPPVS, etc. Le roi assis sur un trône gothique, tenant un écu. OR. 3 p.

751. — *Pavillon.* Id. Le roi assis sous un pavillon. OR.

752. — *Gros tournoi, tiers de gros, gros à la queue,* écu. 8 p.

753. — Piefort du *double tournois brûlé.* PHILIPPVS. FRAC. Grande couronne avec REX sur le bandeau. ℟. MONETA DVPLEX. Croix fleurdelisée avec pied. BIL. TB.

754. — Piefort de *l'obole tournois.* PHILIPPVS REX. Châtel à la croix; les tournelles fleurdelisées. ℟. TVRONVS CIVIS. Croix pattée et évidée au centre. BIL. Inédite.

755. **Jean II,** *Franc à cheval.* IOHANNES, etc. Le roi à cheval courant à g. OR.

756. — *Mouton.* IOH. REX. Mouton à g. OR. 2 p.

757. — *Gros de billon, gros blanc à lis.* Gros blanc à l'Etoile. 3 p.

758. **Charles V,** *florin.* KAROLV REX. gros lis. OR.

759. — *Royal d'or.* KAROLVS, etc. Le roi debout. OR. 2 p.

760. — Piefort de billon de la même pièce. BIL. F.

761. — *Gros blanc de dounne,* etc. BIL. 3 p.

762. **Charles VI,** *Écu.* KAROLVS, etc. Écu aux 3 lys. OR. 4 p.

763. — *1/2 Écu.* OR. 1 p.

764. — Grand blanc, blanc dit guenar. BIL. 6 p.

765. **Henri VI.** *Salut.* HENRICVS, etc. Les écus de France et d'Angleterre; au-dessus, la Vierge et l'ange. OR.

766. — *Angelot,* ange àmi-corps ; au dessus des 2 écus. OR.

767. — *Grand blanc* aux écus et 1/2 blanc. BIL. 4 p.

768. **Charles VII.** *Écu d'or.* Écu accosté de 2 lis. OR. 2 p.

769. — *Blanc*, 1/2 *blanc*, etc. BIL. 7 p.

770. **Louis XI.** *Écu.* L'écu accosté de 2 lis. OR. 1 p.

771. — Gros blanc, etc. BIL. 6 p.

772. **Charles VIII.** *Écu au Soleil.* OR. 5 p.

773. — *Écu du Dauphiné.* OR. 1 p.

774. **Louis XII.** *Écu au Soleil.* OR. 2 p.

775. — 1/2 Écu. OR. 1 p.

776. — *Écu de Provence.* Même pièce avec COMES TA. OR.

777. — *Teston de 1514.* LVDOVICUS, etc. Buste à dr. AR. F.

778. — Blanc de billon, 1/2 gros de Milan. BIL. 2 p.

779. **François Ier.** *Écu au Soleil.* OR. 2 p.

780. — *1/2 Écu au Soleil.* OR.

781. — *Écu du Dauphiné.* OR. 2 p.

782. — *Écu de Bretagne.* OR.

783. — *Écu à la Croisette.* OR.

784. — *Même écu du Dauphiné.* OR.

785. — *Testons et 1/2 testons* à la couronne plate. AR. 3 p.

786. — Même pièce par le Dauphin. AR.

787. — *Gros teston de 1544* à la couronne radiée. AR. 2 p.

788. — Blancs, liards, etc. BIL. 4 p.

789. **Henri II.** *Testons au Marteau.* AR. 6 p.

790. — *Testons au Balancier*, 3 variétés. AR. 3 p.

791. — Gros de Nesles. douzains, etc. BIL. 6 p.

792. **Charles IX.** *Écu d'or au Soleil.* OR. 3 p.

793. — 1/2 Écu. Id. OR.

793 bis. — Piéfort du Teston de 1573. AR.

794. — Testons, 1/2 testons, sols parisis, liards. AR. 7 p.

795. **Henri III**, écu d'or au Soleil (Paris). OR. 2 p.

796. — Demi-écu id. (Rouen). OR.

797. — Teston, franc, 1/2 franc, 1/4 d'écu, douzain, liard. AR. 10 p.

798. — Double tournois; essai d'argent. AR.

799. **Charles X**, 8e d'écu et 1/4 d'écu. AR. 2 p.

800. **Henri IV**. 1/2 franc et 1/4 de franc. AR., 6 p.

801 — 1/4 d'écu, 8e d'écu, 1/4 d'écu de Béarn et Navarre. AR. 8 p.

802. — Double tournois; essai d'argent. AR. TB.

803. **Louis XIII** (ancien système). Écu d'or au Soleil. OR. 3 p.

804. — Demi-écu au même type. OR.

805. — Quart d'écu de Béarn et de Navarre. AR. 3 p.

806. — Double tournois. (Paris, 1618). Æ. Piéfort.

807. — Demi-tournois. Essai d'argent. (Paris, 1616 et 1631). AR. 2 p.

808. — (Pièce du nouveau système.) Louis (Paris, 1642). OR.

809. — Demi-louis (Paris, 1641). OR. 3 p.

810. — Écu blanc de 1643, demi de 1642, douzain de 1643. 4 p. AR. 6 p.

811. — Denier de Gironne Æ et denier pour épouser. 2 p.

812. **Louis XIV**. 1/2 Louis à l'écu carré, 1691. OR.

813. — Louis aux insignes. (Lille, 1702). OR.

814. — Double Louis aux 8. L. Soleil au milieu. (Perpignan, 1712). OR.

815. — Louis au même type (Paris, 1714.) OR.

816. — Écu d'argent de 1643, 1/2 écu, 1/4 d'écu, 12e d'écu. 2 p. AR. 5 p.

816 bis. — Piéfort du 1/4 d'écu de 1643. AR.

817. — Écu de Béarn et Navarre, 1654 à 1659. AR. 2 p. F.

818. — Écu du Parlement 1680 et 11 autres pièces. AR. 12 p.

819. — Écu aux 8 L., 1/2 écu, 1/4 d'écu, 12e d'écu. AR. 6 p.

820. — Écu dit *Corambole*, 1/2 écu. AR. 3 p.

820 bis. — *Écu* de 34 sols 6 deniers aux 8 L. Strasbourg (rare). AR.

821. — Liard de billon, douzains, liards, etc. 6 p.

822. — Denier et 1/2 denier pour la Catalogne; autre pour Perpignan. Æ. 4 p.

823. **Louis XV**, double Louis de Noailles. OR. 2 p.

824. — Louis, dit de Malte, Riom et Aix, 1718. OR. 2 p.

825. — Louis, dit Mirliton, de Dubois. OR.

826. — Louis de 1722, aux deux L couronnés. OR.

827. — Double Louis au bandeau (Béarn, 1764). OR.

828. — Louis id. (Lille, 1771). OR.

829. — Écu, dit Vertugadin, 1/2 écu. AR. 4 p.

830. — Écu, dit de Navarre, 1/2 écu, 6e d'écu, 10e d'écu. AR. 5 p.

831. — Écu, dit de France, 1/2 écu, tiers et 6e d'écu. AR. 3 p.

832. — Écu ou Louis d'argent, 1/2 écu, 1/4 d'écu. AR. 3 p.

833. — Petit Louis d'argent, 2 p. et 11 p. AR. et BIL.

834. — Iles du Vent, Colonies françaises, Pondicheri, etc. 15 p.

835. **Louis XVI**, louis aux Palmes (Paris, 1774). OR.

836. — Doubles louis de 1786 (Nantes et Metz). OR. 2 p.

837. — Louis id (Lyon). OR.

838. — Même pièce, dite à la Corne (Strasbourg). OR.

839. — Écu de 6 livres, 1/2 écu, 4 p., 24 sols, 4 p., 12 sols, 6 sols, 1 p. Dates variées. AR. 13 p.

840. — (Roi constitutionnel). 24 livres, 1792. OR.

841. — — Id. 1793. OR.

842. — — 3 Id. 1792. AR. 2 p.

843. — 30 sols et 15 sols. Dates variées. AR. 9 p.

844. — 2 sols, sol 1/2. Dates variées. Æ. 11 p.

845. **République**. 24 livres, 1793. OR. 3 p.

846. — Id. VI id. 1793. AR. 2 p.

847. — *Essai du décime.* Bonnet au bout d'une pique; dans le champ, POVR ESSAIE (Hennin, n° 335). Æ.

848. — Id. Id. même type, avec le Génie au ℞. (id., n° 426). Æ.

849. — *Essai du 5 sols.* Les artistes de Lyon. Tête de la Liberté (id. n° 387). Æ.

850. — Id. Id. LIBRE, J'OFFRE LA PAIX. La Liberté assise (id., n° 455). Pièce avec la tranche. (Très-rare.). AR.

851. — Id. Id. VIVE LA LIBERTÉ. Caducée entre deux palmes (id., n° 457). Æ.

852. — *Dixain.* MÉTAL DE CLOCHE (id., n° 336). Æ.

853. — Monnerons de 5 sols. Cinq variétés. Æ. 9 p.

854. — Id. de 2 sols. Sept variétés. Æ. 11 p.

855. — Id. 20 sols, 10 sols, 5 sols, Lesage, etc. BIL. 15 p.

856. — *10 sols* de Muller. FORCE A LA LOI. Hercule debout, tenant un bouclier (id., n° 702). BIL.

857. — *5 francs* à l'Hercule, années IV, VIII, X et XI. AR. 5 p.

858. — *2 décimes* , an IV et an V. Décime an VII. Æ. 7 p.

859. — *Centime*, essai d'argent. COUPÉ ET FRAPPÉ, etc. AR. 2 p.

860. — *2 sols* et *sol* aux balances. Æ. 4 p.

MONNAIES LOCALES

861. **Mayence.** 5 sols, 2 sols, 1 sol. Æ. 7p.

862. **Luxembourg.** (Le général Jourdan.) LXXII ASSES. AR.

863. **Maestricht.** (Le général Kléber.) Etoile et 100 ST. AR.

864. **Ancône.** REP. ROM ANCONA. Deux Baïoques. Æ. TB.

865. **La Gaule Cisalpine.** ALLA NAZ., etc. La France assise à g.; devant elle, la Cisalpine debout. ℞. SCVDO, etc. AR. TB.

866. 1/4 d'écu. Buste de la Gaule. AR. 2 p.

867. **Ligurie.** LIBERTA, etc. La Liberté et l'Égalité debout. ℞. 5 FRANCS, etc., années IX et X. AR. 2 p.

868. **Piémont.** LIBERTA. La Liberté casquée, appuyée sur un faisceau. ℞. ANNO VII. AR. 1/2 écu.

869. — *2 sols*. LIBERTA, etc. Triangle. Æ.

870. — *20 francs*. L'ITALIE DÉLIVRÉE A MARENGO, an IX et an X. OR. 2 p.

871. **Bonaparte, Ier consul.** Essai de Saulnier, an X. AR et Æ. 2 p.

872. — Essai de Gatteux, an X. Æ.

873. — Essais de Tournier et de Gengembre. Æ. 3 p.

874. — Deux essais par Gengembre, tête du Ier consul, an X. Æ. 2 p.

875. — *5 francs*, ans XI et XII. AR. 2 p.

876. — *2 francs*, an XII. AR. 3 p.

877. — 1 fr., 1/2 fr. et 1/4 de fr., ans XI et XII. AR. 9 p.

878. **Napoléon Ier, empereur.** 5 francs, ans X, XII, XIII et XIV. (Paris). AR. 5 p.

879. — *2 fr.*, 1 fr., 1/4 de fr., an XIII (id.) AR. 4 p.

880. — *5 francs*. 1807, 1808, 1809, 1812, 1813, 1814 (id.) AR. 6 p.

881. — Une pièce, Strasbourg, 1806; Utrecht; 1812 Rome, 1812. AR. 4 p.

882. — *2 fr.*, 1810, 1812, 1813, Paris; 1812; Utrecht, AR. 4 p.

883. — 1 *fr.*, 1806, 1812, 1813; *50 cent.*, 1808, 1814; *25 cent.*, 1809. AR. 9 p.

884. — Essai du *10 cent.*, 1806; le centre en argent. 2 p.

885. — *10 cent.* courant, *5 cent.*, 1808. 5 p.

886. **Italie.** *5 lire*, 1813; *2 lire; 1 lire;* 15 soldi; 10 soldi; 5 soldi. AR. 15 p.

887. — *10 centesimi*, soldo, 3 cent., 1 cent. Æ. 13 p.

FAMILLE DE L'EMPEREUR NAPOLÉON

888. **Marie-Louise.** *20 lire.* OR. 1 p.

889. — *5 lire, 10 soldi, 5 soldi.* AR. 3 p.

890. **Joseph-Napoléon** (roi de Naples). Écu, 1808. AR. 1 p.

891. — (roi d'Espagne). *80 réaux*, 1809, 1811. OR. 1 p.

892. — Écu de *20 réaux*, *1/2* écu *10 réaux*, 1/5 d'écu *4 réaux*. AR. 5 p.

893. **Élisa et Félix Bacciochi.** *5 franchi*, 3 var. AR. 3 p.

894. **Louis - Napoléon.** *52 stuivers*, 1807. (Nahuys, pl. VI, n° 37). AR.

895. — *20 stuivers* (id., n° 38). AR.

896. — *10 stuivers* (id., n° 39). AR.

Ces trois pièces, d'une conservation hors ligne, pourront être vendues en un seul lot.

897. — *1 florin, 1807* (id., n° 42). AR. F. D. C.

898. — 2 *gulden* 1/2, *1808* (id., n° 57). AR. F. D. C.

899. — *1 gulden, 1808* (n° 53). AR. F. D. C.

900. — *50 stuivers, 1808* (type du n° 43). AR. 3 p. TB.

901. — *Ducat de 1809* (type du n° 55). OR. 2 p.

902. — *Écu du Rixdale, 1809* (id., n° 82). AR. TB.

903. — *1 gulden, 1809* (type du n° 53). AR. B.

904. — *10 stuivers, 1809* (id., n° 59). AR. TB.

905. — *Ducat de 1810* (type du n° 81). OR. F. D. C.

906. **Murat** (grand-duc de Berg). *Écu.* IOACHIN. etc. La tête à dr. ℞. XVI EINE, etc. Dans une couronne, 1806. AR.

907. **Murat** (roi des Deux-Siciles, grand amiral de France). *Écu* (ou 12 carlins), DODICI CARLINI, etc., 1809, 1810. AR. 3 p.

908. — *3 grani, 1810.* Æ. 2 p.

909. **Murat** (roi de Naples, etc.). *20 lire.* OR. TB.

910. — *5 lire, 1813.* AR. 2 p. B.

911. **Jérôme Napoléon.** 10 *thalers*, sans la tête, 1810. OR. 2 p. B.

912. — *10 thalers*, avec la tête, 1812, OR. 2 p. TB.

913. — *Thaler* X EINE FINE MARK. 1810. 1813. AR. 2 p. B.

914. — Id., 10 ST. EINE MARK, etc.. 1811. AR. 2 p. B.

915. — *1/2 id.* XXIIII MARIEN GROSCH, etc,, 1810, et trois autres pièces. AR. et Æ.

916. — *1/2 écu*, 2/3. N. D. LEIPZIGER, etc. Deux variétés. AR. 3 p. B.

917. — Id. GLVCK AVF. CLAVSTHAL, etc. AR. 1 p. B.

918. — *10 frank*, système français. OR. 3 p. F. D. C,

919. — *5 frank*, id., id. OR. 2 p. F. D. C.

920. — Série de 5 fr., 2 fr., 1 fr. et 1/2 frank. AR. 4 p.

SOUVERAINS FRANÇAIS ET ÉTRANGERS

921. **Berthier** (Prince de Neufchatel). *2 francs.* Essai en bronze, 1814 Æ. F. D. C.

922. — *Batzen, 1/2 batzen.* Kreutzer. BIL. 4 p. TB.

923. **Charles** (comte d'Isembourg). *Thaler* 16. EINE FEINE MARK, 1811. AR. TB.

MONNAIES OBSIDIONALES

924. **Anvers** (le général Carnot). *10 cent.* Essai cuivre jaune, avec IEAN LOVIS GAGNEPAIN. Æ. TB.

925. — Même pièce frappée en argent. AR. F. D. C.

Les nos 925, 629, 942 et 946, dont plusieurs pièces sont inédites, pourront être vendues en un seul lot.

926. — Même pièce sans le nom sur le cordon. 2 variétés. Æ. 10 p.

927. — *5 cent.* avec J. L. G. N. Essai cuivre jaune. Æ. F. D. C.

928. — Id. Même monnaie sans le nom. Æ. 5 p.

928 bis. — Essai de grand module de la même pièce. Æ.

929. — Essai, même pièce frappée en argent. AR. TB.

930. **Cattaro.** *10 francs.* N couronné. 10 F. DIEV PROTEGE LA FRANCE. ℟. CATTARO, etc., 1813. AR. TB.

931. **Ile-de-France.** ILE DE FRANCE, etc. Aigle. AR.

932. **Zara.** ZARA, 1813. Aigle. ℟ L. O. 18 F 40 C. AR. B.

933. **Strasbourg.** VN DECIME, 1814. Æ. 3 p.

CHUTE DE L'EMPIRE — INTERRÈGNE, 1814 *(Médailles des Alliés)*

934. **Alexandre.** Module du 5 fr. Essai en bronze. Æ. TB.

935. — Module du 2 fr. AR. 2 p. TB.

936. **François I**er. Module du 5 fr. AR. 3 p. TB.

937. **Frédéric-Guillaume.** Module du 5 fr. AR. p. TB.

PREMIÈRE RESTAURATION, 1814

938. — Module du 2 fr. AR. 2 p. TB.

939. **Louis XVIII.** 5 fr. AR. 2 p. B.

940. — *10 cent. d'Anvers*, avec JEAN LOVIS GAGNEPAIN. Essai cuivre jaune. F. D. C.

941. — Même pièce avec et sans le nom. AE. 4 p.

942. — Même monnaie. Essai d'argent sans nom. AR. TB.

943. — *5 cent.* avec J. L. G. N. AE. TB.

944. — Même pièce, sans nom sur le cordon. AE. 3 p.

945. — Même monnaie frappée en argent. AR. TB.

CENT-JOURS — RETOUR DE L'EMPEREUR

946. — *Strasbourg, 10 cent.* Essai, 1814. Æ. TB.

947. — Même pièce monnaie courante. Æ. 3 p.

948. **Napoléon.** *5 francs* (Paris, 1815). AR. 3 p. TB.

949. — *2 francs* (Paris, 1815). AR. 2 p. TB.

SECONDE RESTAURATION, 1815

950. **Louis XVIII.** *5 francs*, 1817, 1822. AR. 2 p. B.

951. — *2 francs*, 1816, 1817. *1 franc*, 5 p. *50 cent.*, 3 p. *25 cent.*, 2 p. *10 cent.*, 4 p. AR. 16 p.

952. Essai de *40 fr.* frappé en argent, coin de Michaut, 1815. F. D. C.

953. — *10 cent.*, Strasbourg, 1815, 2 p. Mines d'Anzin, 2 p. Æ. 4 p.

954. **Charles X.** *5 francs*, 1826, 1830. AR. 2 p.

955. — *2 francs*, 1828. *1 franc*, 1825. AR. 5 p.

956. **Henri V.** *1 franc*, 1831. AR. 2 p.

957. **Louis-Philippe.** *5 francs*, 1830, 1834. AR. 3 p.

958. — *2 francs*, *1 franc*, *50 cent.*, *25 cent.* AR. 6 p.

959. **République** de 1848. *5 francs* (à l'Hercule 1848). AR. TB.

960. **Napoléon III.** *2 francs*, 1856. AR. TB.

VISITES A LA MONNAIE DE PARIS, ETC.

961. — *Module de 5 fr.* LE 1er CONSUL VISITE LA MONNAIE DE PARIS etc., AN XI. AR. TB.

962. — Même pièce, frappée en or. OR. F. D. C.

963. *Module de 2 fr.* LE PRINCE DE BADE, etc., 1806. AR. et Æ. TB.

964. — Même pièce, frappée en or. OR. F. D. C.

965. — Id. LE PRINCE DE BAVIERE, ETC. 1806. AR. et Æ. TB.

966. — Id. LE ROI DE SAXE, ETC. 1809. AR. et Æ. F. D. C.

967. — Id. LE ROI ET LA REINE DE BAVIÈRE, 1810. AR. et Æ. F. D. C.

968. *Module de 5 fr.* LE DVC ET LA DVCHESSE DE BERRY, 1817. AR. et Æ. F. D. C.

969. Id. LE DVC DE BERRY A LILLE, 1814. AR. et Æ. B.

970. — Id. LA DVCHESSE D'ANGOVLÈME, PARIS, 1817. AR. et Æ. F. D. C.

971. — Id. MONSIEVR, FRERE DV ROI, PARIS, 1818. AR. et Æ. F. D. C.

972. — Id. CHARLES X VISITE SA MONNAIE DE LILLE, 1837. Æ. F. D. C.

973. — Id. LE PRINCE DE SALERNE ET LA DVCHESSE DE BERRY, etc., PARIS, 1825. Æ. F. D. C.

974. — Id. Administrateurs et essais monétaires. AR. et Æ. 6 p. F. D. C.

MONNAIES SEIGNEURIALES

975. **Bretagne** (Jean V). Blanc, 3 p. **Maine** (Herbert II). Denier, 4 p. **Anjou** (Foulques IV). Denier, 1 p. **Tours** (Saint-Martin), 1 p. **Souvigny** (abbé). 5 p. **Limoges** (Saint-Martial). 2 p. BIL. 16 p.

976. **Aquitaine** (Edouard III). Noble. OR. B.

977. — Id. Demi Noble. OR.

978. — (Le Prince Noir). Pavillon. OR.

979. — (Richard II). Noble. OR. F. D. C.

980. **Navarre** (Henri de Béarn et Marguerite). HENRICVS II. MARGA. REX REG. NAVARRE. B. Bustes affrontés; au-dessus, une couronne; dessous, une vache. ℞. GRATIA, ETC. Ecu accosté des lettres H et M. (Variété de Poëy-d'Avant, n° 3465.) Très-belle et très-rare pièce. OR. 7 gr.

981. **Perpignan, Toulouse, Provence** (Robert-Louis, Jeanne). AR. 3 p.

982. **Provence** (Jeanne). Florin. OR.

983. **Comtat-Venaissin** (Clément V). Gros (Innocent VI). Gros (Urbain VIII), Jules. AR. 5 p.

984. **Orange** (Raymond III). Florin. OR.

985. **Dauphiné** (Guigues VIII). Carlin. AR. 3 p.

986. — (Humbert II). Florin. OR. 2 p.

987. **Lyon**. Archevêque. AR. 6 p.

988. **Dombes** (Jean II). Denier. AR.

989. — (Louis II). Ecu ou Pistole. OR.

990. **Besançon**. Monnaies épiscopales. AR. 4 p.

991. — (Charles V). Ducat, 1655. OR.

992. — Id. *Daldre*, 1660; *Teston*, 1642; *demi-Teston*, 1640; *quart de Teston*, 1614. AR. 4 p.

993. **Bourgogne.** PHILIPPVS DVX. Croix cantonnée de quatre couronnes. ℞. E. COMES BVRGOD. Champ semé de P. (lis D., pl. 132, n° 10). Grand blanc.

994. **Champagne.** Provins. BIL. 3 p.

995. **Rethel** (Charles II) (P. D., pl. 143. n°s 2 et 6). AR. et Æ.

996. **Château-Renaud** (François et Marguerite). OR. Florin.

997. **Calais**. *Henri V*, *Henri VI*. Gros. AR. 3 p.

998. **Cambray** (Enguerrand de Crequi). Gros (Robert, n° 1). AR.

999. — (Maximilien de Bergues). Ecu (Robert, pl. 24, n° 1). AR.

1000. — (Louis de Berlaincourt). Huitième de Daller (Robert, pl. 27, n° 4). AR.

1001. **Artois** (Philippe II). Ecu de 1592. AR.

1002. — Id. Vingtième d'Ecu de 1586. AR.

1003. — *Bethune*. Maille. (P. D., n° 25). AR.

1004. **Flandre** (Gerolf). Maille (Gaillard, n° 29). AR.

1005. — (Arnold). Id. Id. n° 28). AR.

1006. — (Simon). Id. Id. n° 36 et 49). AR. 4 p.

1007. — *Bruges*. Id. Id. n°s 55, 58, 61). AR. 4 p.

1008. — *Gand*. Id. (n° 74 et seq.). AR. 4 p.

1009. — *Lille*. Id. (n° 91 et seq.). AR. 4 p.

1010. — *Ipres*. Id. (n° 114, etc.). AR. 2 p.

1011. — (Marguerite de Constantinople). Gros (n° 145). AR. TB.

1012. — (Guy de Dampierre). Gros, Esterlin (n°s 150, 159). AR. 2 p.

1013. — (Robert de Bethune). Maille (n° 182). AR.

1013 bis. — (Robert) Piefort. Du Gros au Cavalier (n° 172). AR. B.

1014. — (Louis de Crécy). *Alost*, demi-Gros (n° 196). AR.

1015. — Id. Gros, n° 201, et Denier de billon (n° 197 et seq. 201). BIL. 4 p.

1016. — (Louis II de Male). Ecu (n° 207). OR. B.

1017. — Id. Quart d'Ecu (n° 209). OR. B.

1018. — Id. Mouton (n° 210). OR. B.

1019. — Id. Franc à cheval (n° 213). OR. B.

1020. — Id. Lion (n° 216). OR. TB.

1021. — Id. Ecu (n° 218). OR. TB.

1022. — Id. Gros (n° 219). AR.

1023. — Id. Lion, demi-Lion, double mitte (n°s 225, 227, 229). AR. 6 p.

1024. — (Philippe le Hardi). Double Gros (Deschamps de Pas, n°s 13 et 18). AR. 2 p.

1025. — (Jean-sans-Peur). Double Gros, Gros (Deschamps de Pas, n°s 26, 27, 31). AR. 4 p.

1026. — (Philippe le Bon). Double Gros, Denier (nos 35, 37, etc.). AR. et BIL. 5 p.

1027. — Id. . Cavalier ou Ridder d'or (n° 44). OR.

1028. — Id. Double Gros (nos 46 et 55). AR. 5 p.

1029. — Id. Lion d'or (n° 51). OR.

1030. — (Charles le Téméraire). Florin (n° 58). OR.

1031. — Id. Double Gros, Gros (n° 60). AR. 5 p.

1032. — (Marie). Double Briquet, Gros et 1/2 Gros (nos 70, 73, 75). AR. 6 p.

1033. — (Philippe le Beau). 1/2 Florin (Serrure, n°138). OR.

1034. — Id. Gros et 1/2 Gros variés, plusieurs rares. AR. 7 p.

1035. — PHS. DEI GR. DVX CO. FL. Lion heaumé à g., dessous; GANDA ℞. LIAT. P. AX. IN. VIRTV-TE TVA. Écu à Lion posé sur une croix. OR. Poids, 1 gr. 7 décig. Très-rare.

1036. — (Philippe II d'Espagne). Real. OR. 1 p.

1037. — Id. Ecu, 1/2 Ecu, Cinquième. AR. 4 p.

1038. — Id. Deniers, Liards, etc. AR. et Æ. 9 p.

1039. — *Ville de Gand.* Noble, 1/2 Noble et 1/4 de Noble. OR. 4 p.

1040. **Hainault.** Mailles (R. Chalon, nos 8, 9 et 11). AR. 6 p.

1041. — (Marguerite de Constantinople). Gros (R. Chalon, n° 13, etc.). AR. 2 p.

1042. — (Jean II d'Avesnes). Gros (R. Chalon, nos 28 et 30). AR. 2 p.

1043. — (Louis de Bavière). Ecu (n° 92). OR.

1044. — (Guillaume III). Cavalier (n° 98). OR. F. D. C.

1045. — (Beaudouin d'Avesnes). Gros n° 189). AR.

1046. **Brabant.** Mailles (Van der Chijs, nos 11, 13). AR. 6 p.

1047. — Id. Id. nos 25, 26. 30). AR. 7 p.

1048. — Id. (Variétés). AR. 6 p.

1049. — (Jean Ier). Denier et Maille, Gros (n° 18, etc.). AR. 3 p.

1050. — (Jean II). Denier, Gros. AR. 3 p.

1051. — (Jean III). Mouton (n° 6). OR.

1052. — Id. Gros (nos 7 et 24, etc.). AR. 3 p.

1053. — (Wenceslas et Jeanne). Buste de saint Pierre, etc. (n° 112). OR. TB.

1054. — (Jeanne et Philippe). Gros. AR. 2 p.

1055. — (Jeanne seule). 1/2 Gros (n° 13). AR. 3 p.

1056. — (Philippe le Bon). Lion (n° 3). OR.

1057. — (Charles le Téméraire, Marie, Philippe le Beau). Briquet, Gros, etc. AR. et Æ. 6 p.

1058. — (Philippe le Beau). Florin. OR.

1059. — (Albert et Elisabeth). AR. 6 p.

1060. — (Charles-Quint). AR. 4 p.

1061. — (Philippe II). Ecu, 1/2 Ecu, 5e d'Ecu, 10e d'Ecu, etc. AR. et Æ. 9 p.

1062. **Tournay** (Albert et Isabelle). Double Souverain, 1617 et 1620. OR. 2 p.

1063. — (Albert et Isabelle). Ecu, 1/4 d'Ecu et une pièce d'or. OR. et AR. 4 p.

1064. **Lorraine** (Gérard). Deniers (de Saulcy, nos 3 et 5). AR. 2 p.

1065. — (Simon II). Cavalier courant et de dessous S. ℟. LINIVILE. Aigle impérial regardant à g. AR. Denier inédit.

1066. — (Mathieu II). Denier (pl. 2, fig. 2 et 11). AR. 3 p.

1067. — (Ferri III). Deniers variés. AR. 13 p.

1068. — (Thibaut II). Deniers (pl. 3, n° 16). AR. 2 p.

1069. — Ferri IV). Deniers (nos 19, 20, 21 et 25). AR. 8 p.

1070. — (Raoul). Denier double, etc. (pl 5, nos 4, 5 et 10). AR. 4 p.

1071. — (Marie de Blois). Plaque. AR. 2 var.

1072. — (Jean Ier). Gros, 1/2, Denier, etc. (pl. 6, nos 2, 4, 14, 17, pl. 7, no 11). AR. 5 p.

1073. — (Charles II). Gros, 1/2 gros, etc. (Id., pl. 8, nos 1, 2, 4, 5.; pl. 9, nos 9, 11, 14, 18; pl. 10, nos 3 et 4). AR. 9 p.

1074. — (René Ier d'Anjou). Gros, demi-gros, denier (pl. 10, nos 12 et 13 ; pl. 11, no 6), AR. 7 p.

1075. — (Jean Ier, de Calabre). Denier. (Pl. 11, no 14). AR.

1076. — René II). Florin d'or. (Pl. 12, no 6). OR. TB,

1077. — Id. Plaques, 1/2 plaques, deniers, etc. (pl. 13, nos 7 et 8). Pl. 14, nos 1, 2, 7, etc.). AR. 13 p.

1078. — (Antoine). Plaques, 1/2 plaques, deniers, etc. AR. 18 p.

1079. — — Testons et demi-testons, dates variées. AR. 13 p.

1080. — Id. Grand écu aux 9 écussons ; poids, 29 gr. (id., pl 16, no 2.) AR. T.B.

1081. — Id. Double écu, même type; poids, 55 gr. AR. Doré.

1082. — (François Ier). Testons de 1545. (Pl. 17, no 8). AR. F.

1083. — (Nicolas de Vaudemont). Denier. (Pl. 17, no 10). Bil.

1084. — (Charles III). Deniers, 1/2 deniers, oboles. Bil. 36 p.

1085. — Id. Tiers de florin d'or. Très-rare (pl. 19, no 5). OR. B.

1086. — Id. Testons et 1/2 testons au buste jeune (nos 7 et 9). AR.

1087. — Id. Grand écu de 1569 (pl. 21, no 2). AR. 2 p.

1087 bis. — Id. Teston et 1/2 teston (pl. 21, nos 4 et 5). AR. 3 p.

1088. — Id. 1/2 écu de 1581 (pl. 22, no 1). AR. B.

1089. — Id. 1/2 écu de 1588 (pl. 23, no 11). AR.

1090. — Id. Testons et 1/2 testons (pl. 23, nos 7, 8 et 9). AR. 9 p.

1091. — Id. Grand écu de 1603 (pl. 24, no 3). AR.

1092. — Id. Même pièce dorée. AR.

1093. — Henri). Henri d'or (pl. 25, n° 1). AR. 2 p. variées.

1094. — Id. Teston (pl. 25, n° 2). AR. 2 p.

1095. — Id. Deniers, 1/2 deniers et oboles. AR. 17 p.

1096. — (Charles IV et Nicole). Teston de 1626 (pl. 25, n° 13). AR

1097. — Id. Même pièce en cuivre argenté. Æ.

1098. — Deniers et 1/2 deniers. AR. 4 p.

1099. — (François II). Teston (pl. 26, n° 3). AR.

1100. — (Charles IV). Teston (pl. 27, n°s 4 et 6). AR. 2 p.

1101. — Id. Denier et 1/2 denier. AR. 13 p.

1102. — Id. Charles d'or (pl. 27, n° 8). OR. 1 p. B.

1103. — Id. 1/2 écu de 1633 (pl. 27, n° 10. AR. F.D.C.

1104. — Id. Même pièce dorée, 1665. AR.

1105. — Id. Testons et 1/2 testons (pl. 28, n°s 1, 3, 4, 4. AR. 10 p.

1106. — (Léopold). Deniers (pl. 28, n°s 10, 11 et 12). AR. 5 p. Bil.

1107. — Id. Essai de 10 deniers? (pl. 29, n° 1). Bil.

1108. — Id. Grand écu de 1702 (pl. 29, n°s 5). AR. PB.

1109. — Id. Teston? et 1/2 teston (pl. 29, n°s 6 et 7). AR. 2 p.

1110. — Id. Grand écu de 1704 (pl. 29, n° 8). AR. B.

1111. — Id. Léopold d'or, 1712 (pl. 30, n° 4). OR. B.

1112. — Id. Testons, 1710, 1711 (n°s 3 et 7). AR. 2 p.

1113. — Id. Grand écu de 1710 (pl. 30, n° 5). AR. TB.

1114. — Id. Teston, 1716; 1/2 teston, 1710 (n°s 8 et 9). AR. 2 p.

1114 bis.— Id. Léopold d'or.

1115. — Id. Testons, 1716, 1717; 1/2 teston, 1717 (pl. 31. n°s 1 et 2). AR. 3 p.

1115 bis.— Id. Léopold d'or. (pl. 31, n° 4). OR. TB.

1116. — Id. Testons, 1718, 1721; 1/2 teston, 1718, 1720 (pl. 31, n°s 6 et seq.) AR. 4 p.

1117. — Id. Léopold d'or, 1719 (nos 7 et 8). OR. B.

1117 bis. — Id. (pl. 31, n° 8). OR. B.

1118. — Id. 1/2 écu, 1719 (pl. 31, n° 9). AR.

1119. — Id. Léopold d'or, 1722 (pl. 31, n° 10). OR. F.D.C.

1120. — Id. Testons, 1722, 1723 (pl. 31, nos 11). AR. 2 p.

1121. — Id. Tiers d'écu, 1724, 1725 (pl. 32, n° 2). AR. 2 p. B.

1122. — Id. Double Léopold d'or, 1724 (pl. 32, n° 3). OR. TB.

1123. — Id. Léopold, 1724 (pl. 32, n° 4). OR. TB.

1124. — Id. 1/2 écu, 1724-1725 (n° 5). AR. 2 p.

1125. — Id. 8e d'écu ou 1/2 teston, 1724-1725 (n° 6). AR. 3 p.

1126. — Id. Double Léopold d'or, 1725 (pl. 32, n° 7). OR. B.

1127. — Id. Petit écu de 1726 (pl. 32, n° 8). AR.

1128. — Id. LX deniers, 1726; XXX deniers, 1726, 1721; XII deniers, 1726 (nos 9, 10, 11. Bil. 6 p.

1129. — Id. Masson, 1728; XXX deniers, 1729; liards, 1706, 1728... Autres XXX deniers, XII deniers (pl. 33, fig. 1, 2, 3, 4, 6, 7 et 8). Bil. 11 p.

1130. — Id. Mereaux en cuivre (nos 11, 12 et 14. Æ. 3 p.

1131. — (François III). François d'or (pl. 34. n° 5). OR. TB.

1132. — Id. XXX deniers 1719 (pl. 34, n° 4). Bil. TB.

1133. — Id. 1/2 écu de 1736 (pl. 34, n° 8). AR. TB.

1134. — Id. 1/4 d'écu ou teston, 1736 (pl. 34, n° 9). AR. TB.

1135. **Metz, évêque** (Adalbero II). Denier. AR. 3 p.

1136. — Bertrand, Jean Ier, Jacques). Deniers. AR. 13 p.

1137. — Renaud de Bar; Adhémar de Monteil). Deniers et doubles deniers. AR. 5 p.

1138. — Thierri de Boppart). Gros. (Saulcy, n° 72). AR. 4 p.

1139. — Id. Tiers de gros (Saulcy, n° 73). 4 p.

1140. — Id. 1/2 gros. Très-rare (n° 70). AR.

1141. **Metz, ville**. Écu de 1640. AR.

1142. — Testons et gros. AR. 8 p.

1143. — Bugnes, deniers angevins, etc. AR et BIL. 25 p.

1144. **Toul**. (Gérard). (Robert, pl. 1, n° 1, etc.) Deniers. AR. 3 p.

1145. Id. (Pierre de Brixey). Deniers (pl. 3, n°s 1, 4 et 5). AR. 3 p.

1146. — (Gilles de Sorcy). Deniers (pl. 5, n° 4). AR.

1147. **Verdun**. (Thierry). Deniers. AR. 2 p.

1148. — (Erric, Charles). Deniers, etc. AR. 4 p.

1149. **Bar**. (Henri). Denier (Saulcy, pl. 1, fig. 5). BIL. 2 p.

1150. — (Robert). Florin d'or. Saulcy, pl. 4, fig. 11 (OR. TB.

1151. **Strasbourg**. Grands deniers des premiers évêques. AR. 3 p.

1152. — (Charles de Lorraine). Testons. AR. 5 p.

1153. — (Louis de Rohan). 10 kreutzer, AR.

1154. — (*La Ville.*) Grand écu. Gros, denier, etc. AR. 14 p.

CROISADES

1155. **Tancrède**. TA-NK-P-H. dans les rayons d'une croix. (De Saulcy, pl. 1, fig. 7). Æ.

1156. **Boemond II**. D.N.F.T. Id. (pl. 2, fig. 5 et 7, et pl. 3, fig. 5). Æ. 3 p.

1157. **Roger Régent**. ROTZEP, etc. en 3 et 5 lignes (pl. 2, n° 11, et pl. 3, fig. 5.) Æ. 2 p.

1158. **Beaudouin Ier**. B.Δ.Δ.N. dans les rayons d'une croix (pl. 5, n°s 4 et 10). Æ. 2 p.

1159. — Incertaines. Æ. 3 p.

1160. **Baudouin IV** et **V**. DE IERVSALEM. Édifice, denier (pl. 9, fig. 2). AR.

1161. **Amauri II, Guillaume II, Charles d'Anjou, Guy de la Roche**. Deniers. AR. 7 p.

OBSIDIONALES

1162. *Amsterdam.* 20 et 40 sous. 1578. AR. 2 p.

1163. *Bréda.* 40 sous, 2 sous. AR. et Æ.

1164. *Bruxelles.* 36 stuivers 1580. AR. 2 p.

1165. *Cambray.* 20 patars, 2 patars, 2 var. Æ. 3 p.

1166. *Groningue.* 50 stuivers, 25 stuivers. 6 1/4. AR. 3 p.

1167. *Jean de Spire contre Maximilien*, 1565. AR.

1168. *Leyde*, 1574. Pièce frappée en carton.

1169. *Maestricht.* 40 sous, 24 sous, 16 sous, 8 sous et 2 sous. Æ. 7 p.

1170. *Middelbourg.* 15 sols. Æ.

1171. *Oudenarde.* 20 sols, 10 sols, 5 sols, 2 sols. PL. 6 p.

1172. *Hongrie* (Ragotzki). Ecu et 1/2 florin. AR. et Æ. 2 p.

1173. *Tournay* (M. de Surville). 20 sous, 2 sous, etc. AR. et Æ. 4 p.

1174. *Corse* (Paoli, chef des rebelles). 20 et 4 soldi. BIL. 2 p.

MONNAIES ÉTRANGÈRES

ANGLETERRE

1175. (*Henri II ou III*). esterlings. AR. 25 p.

1176. (*Edouard I, II ou III*). esterlings. AR. 14 p.

1177. (*Edouard III*). Noble. OR.

1178. (*Henri V*). Noble. OR.

1179. (*Henri VI*). Gros 1/2 gros. AR. 4 p.

1180. (*Henri VIII*). Henri d'or, gros, 1/2 gros. OR et AR. 3 p.

1181. (*Edouard VI. Elisabeth*). Gros, 1/2 gros, etc. AR.

1182. (*Jacques Ier*). 1 réal. OR. 2 p.

1183. Id. Quart de souverain, schellings, etc. OR et AR. 3 p.

1184. (*Charles Ier*). Guinée. OR.

1185. Id. Quart de souverain. 1, 3 et 4 pences. OR. AR. 4 p.

1186. (*Cromwel*). 1/2 couronne. AR. F. D. C.

1187. (*Charles II*). 1/2 couronne, schelling, 1, 2, 3, 4 et 6 pences. OR. AR. 19 p.

1188. (*Jacques II*). 1 et 4 pences, 17 cuivres variés. AR et Æ. 19 p.

1189. (*Guillaume*). Schelling, 1 et 6 pences. AR. 3 p.

1190. (*Guillaume et Marie*). 1/2 couronne, 3 et 4 pences. AR. 7 p.

1191. (*Georges Ier*). Schelling, 1 penny. AR. 3 p,

1192. (*Anne*). 1, 2 et 4 pences. AR. 5 p.

1193. (*Georges II*). Schelling. 1, 2, 3 et 4 pences. AR. 15 p.

1194. (*Georges III*). Souverain, 1/4 et 1/3 de souverain. OR. 4 p.

1195. Id. Couronne. 1/2 couronne, schelling, 1 et 6 pences et 2 essais du penny. AR. et Æ. 14 p.

1196. (*Georges IV*). Couronne, 1/2 couronne, schelling. AR. 3 p.

1197. (*Victoria*). Florin. AR. 2 p.

1198. *Colonies Anglaises*. AR. 9 p.

1199. **Ecosse** (*Alexandre, etc.*). AR. 4 p.

DANEMARCK

1200. (*Frédéric II*). Écu de 1572. AR.

1201. (*Christian IV*). Écu, 1/2 écus, 1/4 d'écus et piéfort du quart d'écu. AR.

1202. (*Frédéric III*). Ecus, 1/2 écus variés. AR 6 p.

1203. (*Christian V*). Ecu. AR.

1204. (*Frédéric IV*). Ecus. AR. 5 p.

1205. (*Christian VI*), Ecu. AR.

1206. (*Frédéric V*). Ecu. AR. 4 p.

1207. (*Christian VII*). Ecus, 1/2 écus, 1/4 d'écu. AR. 6 p.

1208. Id. Argent et billons des divers règnes. AR. 8 p.

SUÈDE

1209. (*Chrales XI, Charles XII, Christine*). Ducat d'or, écus et quarts d'écus. OR. AR. 5 p.

1210. (*Frédéric, Gustave III, Gustavc IV*). Ecus et divisions. AR. 6 p.

RUSSIE

1211. Petites pièces d'argent antérieures à Pierre Ier. AR. 9 p.

1212. (*Pierre Ier*). Ducat au type de St-André. OR.

1213. Id. 2 écus, les 2 types. AR. 2 p.

1214. (*Anna Ivanovna*). Ecus. AR. 2 p.

1215. (*Elisabeth*) Roubles et 1/2 roubles or. OR. 2 p.

1216. Id. rouble et 3 petites pièces. AR. 4 p.

1217. (*Catherine II*). 1/2 roubles or. OR. 3 p.

1218. Id. 1/2 roubles. 1/4, 1/8. AR. 6 p.

1219. (*Alexandre Ier*). Roubles, 1/2, 1/4, 1/8, 1/16. AR. 9 p.

1220. (*Nicolas*). 1/2 et 1/8 de rouble. AR. 2 p.

1221. **Pologne**. Pièces d'argent et de billon variées. AR. 8 p.

1222. **Brandebourg** (Alexandre). 20 groschen (Joachim-Frédéric). Écu. AR et BIL. 2 p.

PRUSSE

1223. (*Frédéric-Guillaume Ier*). Tiers de ducat. OR.

1224. (*Frédéric II*). Thaler. AR. 2 p.

1225. (*Frédéric-Guillaume II*). Thaler et 1/3 de thaler. AR. 2 p.

1226. (*Frédéric-Guillaume III*). Double ducat. OR.

1227. Id. Thalers variés. AR. 5 p.

1228. Divisions du thaler des règnes précédents. BIL. 28 p.

SAXE

1229. (*Jean-Frédéric*). Divisions de l'écu. AR. 10 p.

1230. (*Auguste*). id. id. AR. 5 p.

1231. (*Jean-Georges Ier*). 10 ducats, 34 gr. OR. T. B.

1232. — Piéfort du thaler, poids 4 thal. AR.

1233. — Thalers et 1/4 de thalers variés. AR. 9 p.

1234. (*Jean-Georges II*). Ducat. OR. 1 p.

1235. — Thalers et quart. AR. 6 p.

1236. (*Jean-Georges III*). Thaler. AR.

1237. (*Frédéric-Auguste*). Thalers. AR. 4 p.

1238. Divisions du thaler des règnes précédents. AR. et BIL. 36 p.

MAYENCE

1239. (*Gerlac*). Florins. Or.

1240. (*Jean II*). — Or.

1241. (*Anselme Casimir*) Double ducat. OR. 2 p.

1242. Deniers, gros, 1/2 gros, etc. AR et BIL. 14 p.

TRÈVES

1243. (*Cuno de Fahkeinstin*). Florin. OR.

1244. (*Verner*). — OR.

1245. Deniers, oboles, gros, 1/2 gros, etc., variés. AR. et BIL.

COLOGNE

1246. (Frédéric III). Florin. OR.

1247. (Herman). — OR.

1248. (Maximilien II). — OR.

1249. Gros, 1/2 gros, deniers et oboles. AR et BIL. 82 p.

1250. **Ratisbonne**. Schellings, pfennings, etc. BIL. 6 p.

1251. **Montfort, Lowenstein, Stolberg**. BIL. 6 p.

BRUNSWICK

1252. (*Georges Ier*). Ducat. OR.

1253. (*Christian*). Thaler. AR.

1254. — (Jean-Frédéric). 1/2 et 1/4 de thaler, etc. AR. 7 p.

1255. — (Georges-Guillaume). Florin. OR.

1256. **Wurtemberg**. 1/4 de thaler et divisions. AR. et BIL. 12 p.

1257. **Kaufbenren** (Charles-Quint). Thaler. AR.

1258. **Nuremberg**. Pièces d'or de forme carrée. OR. 3 p.

1259. — Thalers et divisions. AR. 6 p.

1260. **Hambourg**. 1/2 thaler et divisions. AR. 7 p.

1261. **Saltzbourg** (Paris, Archevêque). Thaler. AR.

1262. — (François, Sigismond). Quart de ducat, 5e de thaler. OR. AR. 2 p.

1263. — (Jérôme). Thaler, 5e de thaler. AR. 5 p.

1264. **Wurtzbourg-Campen**. Thaler, etc. AR. 3 p.

PAYS-BAS

1265. (*Albert et Elisabeth*). Double ducat pour Anvers. OR. 2 p.

1266. — Grand Ecu, 1/2, quart, etc. AR. 9 p.

1267. — Piéfort de l'écu pour Bruxelles. AR.

1268. — Ecu, 1/2 écu, AR. 2 p.

HOLLANDE

1269. (*Philippe, Charles, etc.*). Gros, denier, etc. BIL. 12 p.

1270. — Ecu avec tête, de 1586. AR.

1271. — Ducats de 1753, 1770 et 1780. OR. 3 p.

1272. — Ducats de 1815, 1825, 1831, OR. 3 p.

1273. — Ducat de 1729, 1/2 ducat de 1726 et 1747. OR. 3 p.

1274. — Quart, 5e, 10e et 20e d'écu, etc. AR. 10 p.

1275. (*Guillaume Ier et II*). Ecu, tiers, quart, etc. AR. 14 p.

BELGIQUE

1276. Double ducat, de 1790. OR. F. D. C.

1277. Ecu, tiers et 1/6, 1790. AR. 11 p. TB.

1278. (*Léopold Ier*). 5 fr. et 1 fr., 1832. AR. 3 p. F. D. C.

1279. — Essai d'argent de 10 cent., 1832, tranche cannelée. AR. F. D. C.

1280. **Frise**. Double ducat, de 1734 et 1741. OR. 2 p. TB.

1281. — Ecus et divisions, dates différentes. AR. 17 p.

1282. **Frise orientale**. Ecu de 1617, carré. AR.

1283. — Florin de 1686, et Ecu de 1738, gros, etc. AR. 4 p.

1284. **Indes Bataves**. 1/4 de gulden, etc. AR. 5 p.

1285. **Norlingen** (*Frédéric*). Ducat. OR.

1286. **Mansfeld** (Albert, Philippe, etc.). Ecu. AR.

1287. **Limbourg** (Charles-le-Téméraire). Florin. OR.

1288. — (Charles, Marie, Philippe). Plaques, etc. AR. 9 p.

1289. — (Philippe le Beau). Ecus d'or avec saint Pierre). OR. 2 p.

1290. **Liége**. (Jean de Horn). Florin. OR.

1291. — (Louis de Bourbon, Ferdinand, etc.). Gros, denier, etc. AR. 5 p.

1292. — (Maximilien, Henri). Ecus 1663, 1671. AR. 3 p.

1293. — (Jean, Théodore). Escalin, etc. AR. 5 p.

1294. — (Siége vacant). Ecu 1784, 1/6 d'écu 1763. AR. 2 p. TB.

1295. **Luxembourg** (Guillaume). Double ducat 1815. OR. TB.

1296. — Pièces variées de différents règnes. AR. et BIL. 12 p.

1297. **Bergues**. 4 p. Billon. **Clèves** (Jean, duc). BIL. 5 p.

1298. **Gueldres** (Guillaume) Ier). Florin. OR. TB.

1299. — (Charles d'Egmont). Florin. OR. B.

1300. — Id. Gros et plaque. 2 p., et 3 autres. AR. 5 p.

1301. — Ducat, de 1603. OR.

1302. **Utrecht**. Florin, avec saint Martin. OR.

1303. — Double ducat de 1804. OR. F. D. C.

1304. — Ducat de 1806, 1/2 ducat de 1763. OR. 2 p. TB.

1305. — Ecus, 1762-82-90-94, 1818. AR. 5 p.

1306. — 1/2 Ecus 1692, 1788-90-91 et 1794. AR. 5 p.

1307. — Gros, guldens et divisions. AR. 11 p.

1308. **Zélande**. Noble à la rose. Tour pour différent. OR.

1309. — (Guillaume de Hollande). Florin. OR.

1310. — Id. Ecu d'or. OR.

1311. — Ecus 1687, 1777, 1795. AR. 3 p.

1312. — 1/2 Ecus, gros, etc. AR. et BIL. 11 p.

1313. **Aix-la-Chapelle** (François Ier). Ducat de 1753. OR. F. D. C.

1314. — Deniers, gros, demi gros, etc. AR. et BIL. 15 p.

EMPIRE D'ALLEMAGNE

1315. *Maximilien, Charles V et Ferdinand.* Pièces à 3 têtes de 5 ducats. OR.

1316. (*Ferdinand II*). 5e d'écu. AR.

1317. (*Maximilien*). Vue d'une ville, 5 ducats. OR.

1318. (*Rodolphe II*). Ecu, 1/4 d'écu, etc. AR. 4 p.

1319. (*Mathias*). Ecus 1615, 1616. AR. 3 p.

1320. (*Ferdinand II*). 10 ducats 1625. OR.

1321. — Ecus et divisions 1630-31-32, etc. AR. 9 p.

1322. (*Ferdinand III*). Ecu 1637. AR.

1323. (*Léopold Ier*). 1/4 de ducat 1694. OR. TB.

1324. — Ecus et 1/2 écu 1688-92-95-97. AR. 4 p.

1325. (*Joseph Ier*). 1/2 écu 1710. AR.

1326. (*Charles VI*). 1/4 de ducat, 1734. OR. TB.

1327. — Ecus, 1/2 écus, etc. AR. 6 p.

1328. (*François de Lorraine*). Ecu, 1/2 écu, etc. AR. 9 p.

1329. — Ducat et 1/4 de ducat, 1765. OR. 2 p.

1330. (*Marie-Thérèse*). Ducat et 1/4 de ducat. OR. 3 p. TB.

1331. — Souverains et doubles des Pays-Bas. OR. 3 p.

1332. — Ecus et divisions de l'écu id. AR. 13 p.

1333. — Ecus et divisions pour la Bohême. AR. 8 p.

1334. — Ecus pour l'Allemagne, et divisions. AR. et BIL. 14 p.

1335. — Ecus, 1/2 écu et 5e d'écu pour la Hongrie. AR. 10 p.

1336. (*François et Marie-Thérèse*). Ecu à 2 têtes, 1741. AR. TB.

1337. (*Joseph II*). Double souverain. OR. 2 p.

1338. — Ducat. OR. 3 p.

1339. — 10 et 20 groch. AR. BIL. 9 p.

1340. — Ecus et 1/2 écu pour la Hongrie. AR. 3 p.

1341. — Ecus et divisions. Pays-Bas. AR. 10 p.

1342. (*Léopold II*). Ecus et divisions. AR. 10 p.

1343. (*François II*). Ducat, 1792. OR.

1344. — Ecus et divisions. AR. et BIL. 12 p.

1345. — Ecus pour les Pays-Bas. AR. 5 p.

1346. **Autriche** (François Ier). Ducat. OR. 2 p.

1347. — Ecu et divisions. AR. et BIL. 8 p.

1348. **Tyrol** (Ferdinand, Charles). Ecu. AR.

1349. **Fulde**. Siége vacant, de 1788, etc. AR. 2 p.

1350. **Francfort-sur-Mein** (Sigismond). Florin. OR.

1351. (*Albert Ier*). Florin. OR.

BAVIÈRE

1352. (*Albert II*). Florin. OR.

1353. — (Charles-Théodore). Ducat. OR. 2 p. TB.

1354. — (Maximilien III Joseph). Écus 1755-71-72. AR. 3 p.

1355. — (Maximilien-Joseph, roi). Écus 1806-9-13-16-18. AR. 5 p.

1356. — Division de l'écu des règnes précédents. AR. BIL. 15 p.

1357. **Hesse.** Divisions de l'écu. AR. et BIL. 16 p.

HONGRIE

1358. (Bela). Denier, etc., de divers règnes. AR. et BIL. 24 p.

1359. (*Louis Ier d'Anjou*). Florin, 2 var. OR. 4 p.

1360. (*Mathias Ier.*) Id. OR.

1361. (*Jean-Etienne*). Id. OR.

1362. (*Rodolphe II*). 1/4 de florin, écu. OR., AR. 2 p.

1363. (*Mathias II*). Florin de 1611. OR.

1364. (Id.). Ecus 1610, 1615. AR. 3 p.

1365. (*Ferdinand III*). Écu. AR.

1366. (*Charles IV*). Ducat 1738. OR.

1367. (*Marie-Thérèse*). Ducats 1756, 1765. OR. 2 p.

BOHÊME

1368. (*Jean de Luxembourg*). Florin. OR.

1369. (*Frédéric-Auguste*). 1/4 d'écu, etc. BIL. 10 p.

1370. (*Rodolphe II*). Ducat 1594. OR. B.

1371. **Augsbourg.** Tiers de ducat carré 1749. OR. TB.

1372. **Bade.** (Charles-Frédéric). 1/4 d'écu (Louis). Ecu. AR. 2 p.

1373. **Bemberg, Brême, Brisgaw.** Divers modules. AR. et BIL. 8 p.

1374. **Echenberg** (Jean-Antoine). Bel écu doré 1643. AR.

1375. **Groningue, Holstein.** Gros et demi-gros. AR. 3 p.

1376. **Hanovre.** Thalers, 1/2 thalers, etc. AR. et BIL. 6 p.

1377. **Hannau, Hildesheim, Leyde, Lubeck, Lippe.** AR. et BIL. 7 p.

1378. **Mecklembourg, Nassau, Paderborn, Rostock.** AR. et BIL. 8 p.

1379. **Rechelmen** (Charles-Quint). Écu. AR.

1380. **Schwartzemberg**. (Ferdinand et Marie-Anne). Ecu. AR. B.

1381. **Schwartzbourg**, **Vield**, **Zutphen**, **Zever**. AR. et BIL. 7 p.

1382. Lot de pièces des différents États d'Allemagne. AR. et BIL. 24 p.

1383. Lot de Bractéates allemandes. AR. 37 p.

1384. Autre lot des mêmes pièces. AR. 15 p.

SUISSE

1385. *République helvétique*. AR. et BIL. 14 p.

1386. *Appenzell*, *Argovie, Basle*. AR. et BIL. 25 p.

1387. *Basle*. Ecu et double écu. AR. 2 p.

1388. *Berne*. Ecus et divisions. AR. et BIL. 24 p.

1389. *Fribourg*. Série de Batzen. BIL. 15 p.

1390. *Genève*. Ducat. OR.

1391. *Id.* Ecu et divisions. AR et Æ. 17 p.

1392. *Grisons*. Double ducat. OR.

1393. *Id.* *Lausanne*, etc. BIL. 7 p.

1394. *Lucerne*. Ecu et divisions. AR. et BIL. 6 p.

1395. *Neufchâtel*. Batzen, etc. BIL. 16 p.

1396. *Saint-Gall, Schwitz, Schaffouse, Soleure*. AR. et BIL. 5 p.

1397. *Uri*. Ecus de 1512, Batzen. AR. et BIL. 6 p.

1398. *Valais, Vaud*, *Zurich*. AR. et Æ. 16 p.

1399. *Underwalds*, *Lucerne*, etc. Écu et divisions. AR. 9 p.

ITALIE

1400. *Aquilana*, *Arimini*, *Arezzo*, *Ancône*. AR. 6 p.

1401. **Bénevent**. *Arigise II*, *Grimoald III*, *Sico*, *Sicard*. OR. Sous et 1/3. 5 p.

1402. *Castro*, *Camérino*, *Décianes*. Ducat et deniers. OR et BIL. 6 p.

1402 bis. **Florence** (*République*). Florin et gros. OR. et AR. 2 p.

1403. — (*François*). Ecus et divisions. AR. 6 p.

1403 bis. — (*Ferdinand*). Ecus. AR. 2 p.

1404. — (*Cosme Ier*). 10 Pièce de ducats. OR.

1405. — *Id.* Ducat. OR.

1406. — (*Cosme II*). Ecus et divisions. AR. 7 p.

1407. — (*François de Lorraine*). 1/2 et 1/5e d'écu. AR. 2 p.

1408. — (*Pierre-Léopold*). Ecu et 5e d'écu. AR. 2 p.

1409. — (*Marie-Louise, régente*). Ecu. AR.

1410. — (*Ferdinand III*). Trois florins 1793, lire, etc. OR. et AR. 4 p.

1411. **Ferrare**. (*Hercule II*). Teston, etc. AR. et BIL. 4 p.

1412. **Gênes**. 48 Lire 1796. OR. TB.

1413. — Divisions de l'écu. AR. et BIL. 6 p.

1414. **Lucques**. FLAVIA LVCCA. Étoile. ℞. VIVI VIVI, etc. Croix. Pièce contemporaine de Charlemagne. OR.

1415. — Deniers, etc. AR. et BIL. 6 p.

1416. **Milan** (Galeaz, Marie, etc.). AR. 8 p.

1417. — (*Philippe II*). Double ducat. OR.

1418. — (*Philippe IV*). Écu. AR. 2 p.

1419. — (*Charles II*). Ecu. AR. 2 p.

1420. — (*Charles II et Marie*). Ecu. AR.

1421. — (*Marie-Thérèse d'Autriche*). Ecu. AR.

1422. **Naples et Sicile** (*Roger*), et autres pièces. AR et Æ. 11 p.

1423. — (*Charles-Quint*). Double ducat. OR.

1424. — (*Ferdinand Ier*). Double ducat 1791. OR.

1425. — *Id.* Quadruple écu 1791. AR. B.

1426. — (*République*). Ecu. AR.

1427. — (*Ferdinand Ier*). Ecus 1816, 1818. AR. 2 p.

1428. — (*François Ier*). Ecu 1826. AR.

1429. **Pesaro, Parme, Pérouse, Pise, Pavie.** AR. et BIL. 17 p.

1430. **Ravenne, Raguse, Saluces, Sienne.** OR, AR., et BIL. 9 p.

1431. **Urbino** (Guy II). Ducat et billons. OR et BIL. 6 p.

ROME (Papes)

1432. *Sixte IV.* 12e d'écu. AR. 2 p.

1433. *Jules II.* 12e d'écu, etc. AR. et BIL. 2 p.

1434. *Léon X.* 8e d'écu. AR.

1435. *Paul III.* 8e et 12e d'écu, etc. AR. et BIL. 3 p.

1436. *Jules III.* 8e d'écu. AR.

1437. *Paul IV.* 12e d'écu. AR. 2 p.

1438. *Pie IV.* 8e et 12e d'écus. AR. 3 p.

1439. — 8e et 6e d'écu. AR. 3 p.

1440. *Grégoire XIII.* 12e d'écu et divisions. AR. et BIL. 5 p.

1441. *Sixte V.* Ecu, 1/2 écu, 8e d'écu, etc. AR. et BIL. 7 p.

1442. *Clément VIII.* Pistole et 8e d'écu. OR et AR. 2 p.

1443. *Innocent X.* 12e d'écu et écu. AR. 3 p.

1444. *Paul V.* Quart d'écu. AR.

1445. *Grégoire XV.* Écu. AR.

1446. *Urbain VIII.* Pistole et écus. OR et AR. 3 p.

1447. *Alexandre VII.* Quart, 12, 24e et 48e d'écu. AR. 7 p.

1448. *Clément IX.* Ecus, quart et 48e d'écu. AR. 5 p.

1449. *Clément X.* Double pistole. OR. TB.

1450. — Ecus variés. AR. 3 p.

1451. — Division de l'écu. AR. et BIL. 12 p.

1452. *Siége vacant* de 1676. 48e d'écu. AR.

1453. *Innocent XI.* Ecus variés. AR. 6 p.

1454. — 1/2 Ecu, quart, 16e, etc., etc. AR. 30 p.

1455. *Siége vacant* de 1689. 1/4, 1/8, 26e d'écu. AR. 3 p.

1456. *Alexandre VIII.* Ecu et quart d'écu. AR. 3 p.

1457. *Siége vacant* de 1691. 24ᵉ et 48ᵉ d'écu. AR. 2 p.

1458. *Innocent XII.* Pistole, 1697. OR. TB.

1459. — Ecu. AR. TB.

1460. — Autres écus variés. AR. TB. 3 p.

1461. — 1/2 Ecu et divisions. AR. 14 p.

1462. *Clément XI.* Ecus et 1/2 écus. AR. 3 p.

1463. — Quarts d'écus et divisions. AR. 21 p.

1464. *Benoist XIII.* 24ᵉ et 48ᵉ d'écus. AR. 3 p.

1465. *Innocent XIII.* Id. AR. 2 p.

1466. *Siége vacant* de 1730. 12ᵉ d'écu. AR.

1467. *Clément XII.* 12ᵉ, 24ᵉ et 48ᵉ d'écu. AR. 9 p.

1468. *Siége vacant* de 1740. 24ᵉ d'écu. AR. 4 p.

1469. *Benoist XIV.* Sequin et 1/2 sequin et 1/4. OR. 3 p.

1470. — 6ᵉ, 12ᵉ, 24ᵉ et 48ᵉ de l'écu. AR. 23 p.

1471. *Siége vacant* de 1758. 6ᵉ et 24ᵉ de l'écu. AR. 2 p.

1472. *Clément XIII.* 1/2 sequin, quart, 6ᵉ et 24ᵉ d'écu, OR. et AR. 7 p.

1473. *Siége vacant* de 1769. 12ᵉ d'écu. AR.

1474. *Clément XIV.* 1/4 et 24ᵉ d'écu. AR. 2 p.

1475. *Pie VI.* Quart et autres divisions de l'écu. AR. 25 p.

1476. *Siéges vacants* de 1823 et 1829. Ecus. AR. 2 p.

1477. Lot de quarts d'écus et divisions de divers papes. AR. 1 p.

1478. Autre lot de 1/2 écus et divisions. AR. 40 p.

VENISE

1479. *François Dandolo, André Gritti.* Sequin et 1/2. OR. 2 p.

1480. *Jérôme Prioli, Ant. Justiniani.* Sequins. OR. 2 p.

1481. *Louis Manin.* Sequins. OR. 2 p.

1482. Deniers, Matapans, etc., des divers doges. AR. et BIL. 23 p.

SAVOIE — PIÉMONT

1483. *Amédée IX.* Ducat d'or au cavalier. OR. TB.

1484. *Victor-Amédée.* Ducat de 1786. OR.

1485. *Victor-Emmanuel.* 5 lires, 1816, 1820. AR. 2 p. TB.

1486. *Charles-Félix.* 5 lires, 1821-22, 1830. AR. 3 p. TB.

1487. Divisions du gros, etc., de divers règnes. AR. et BIL. 10 p.

1488. **Malte.** Emmanuel Pinto et de Rohan. OR. et AR. 2 p.

ESPAGNE (Pays-Bas)

1489. *Charles-Quint.* Ecu d'or. Pays-Bas. OR. 2 p.

1489 bis. *Philippe II* et sa femme. Double ducat pour la Zélande. OR.

1490. *Philippe II.* Ecu et Piéfort de l'écu. Brabant. AR. 2 p.

1491. — Ecu et 1/4 d'écu pour Gueldres. AR. 2 p.

1492. — Ecu et 1/2 pour Maestricht et Over Yssel. AR. 3 p.

1493. — 1/3, quart et 8e d'écu pour la Hollande, etc. AR. 4 p.

1494. *Philippe IV.* Ecus et gros. Anvers. AR. 4 p.

1495. — Piéfort de 1648. Pièce de 4 écus. AR.

1496. — Pièces de trois ducats, pour Bruxelles. OR. 2 p.

1497. — Piefort de l'écu, 1632. Pièce de 2 écus. AR. TB.

1498. — 1/2 écu de 1657. AR.

1499. — Ecu de 1650. Tournay. AR.

1500. — Piéfort de l'écu (4 écus). Gand. AR.

1501. *Charles II.* Ecu, double écu, 8e d'écu. Gand. AR. 3 p.

1502. — Ecus, doubles écus, etc. Bruxelles. AR. 6 p.

1503. — Ecus et divisions. Anvers. AR. 6 p.

1504. *Philippe V.* Ecus et divisions. Anvers. AR. 6 p.

ESPAGNE

1505. *Sanche, Alphonse, Ferdinand,* etc. Denier. BIL. et AR. 12 p..

1506. *Pierre.* 1/2 Florin. OR.

1507. *Ferdinand et Isabelle.* Ducat. OR.

1508. *Jeanne et Charles.* Double ducat. OR.

1509. *Philippe II, Philippe III.* OR. AR. et BIL. 4 p.

1510. *Philippe IV, Charles II.* 2 Réaux, etc. AR. 2 p.

1511. *Philippe IV.* Très-grande pièce d'argent de 6 écus, 1/2 de 1626. AR. TB.

1512. *Philippe V.* Ecus et divisions. AR. 8 p.

1513. *Ferdinand VI.* 1/2 Ecu. OR. 1 et 2 réaux. OR. AR. 4 p.

1514. *Charles III.* Ecus et 1/2 écus d'or. OR. 8 p.

1515. — Ecus et divisions. AR. 15 p.

1516. *Charles IV.* Ecus et divisions. AR. 9 p.

1517. *Ferdinand VII.* Ecus et divisions. AR. 14 p.

1518. *Joseph Napoléon.* Ecu et 4 réaux. AR. 2 p.

PORTUGAL

1519. *Jean IV, Pierre II.* AR. 3 p.

1520. *Jean V.* 4 Pièces d'or et 1 argent. OR. AR. 5 p.

1521. *Joseph Ier, Marie, Jean V.* Ecus, etc. AR. 9 p.

1522. **Tunis.** 4 Pièces d'or et 2 d'argent. OR. AR. 6 p.

1523. **Maroc.** Pièces variées. AR. 4 p.

1524. **Algérie.** Id. BIL. 4 p.

1525. **Perse.** Id. AR. 4 p.

1526. **Java** (Indes hollandaises). Pièces variées. AR. 3 p.

1527. **Indes anglaises.** 1/2 Roupie, écu. OR. AR. 2 p.

1528. **Pondichéri.** Fanam. Pagode. OR. AR. 2 p.

1529. **Empire du Mogol.** Double roupie, roupie, pagode. OR. 4 p.

1530. — Roupies et divisions. AR. 3 p.

1531. **Bombay** (Charles II d'Angleterre). AR. 3 p.

1532. **Turquie.** Pièces d'or, d'argent et de billon. OR. AR. 38 p.

1533. **Chine, Japon**, etc. Kabang ancien; poids, 13 gr. OR.

1534. — Pièce d'argent formant carré long. AR. 3 p.

1535. — Id. en forme de lingot, etc. AR. 9 p.

1536. Lot de pièces abbassides, arabes, de Sicile, etc. OR. 15 p.

1537. Mêmes pièces. OR. et Æ. 3 p.

AMÉRIQUE

1538. *Haïti* (Boyer, président). 5, 25 et 50 cent. AR. 8 p.

1539. *Etats-Unis.* Ecus et divisions. AR. 10 p.

1540. *Pérou.* Ecu. AR. 3 p.

1541. *Chili.* Ecu. AR. 2 p.

1542. *Rio du Centre et de la Plata.* Ecu. AR. 2 p.

1543. **Bolivie** (Bolivar). Ecu. AR. 2 p.

1544. *Mexique* (Augustin Ier empereur). Ecu. AR. 4 p.

1545. — (République). Ecu. AR. 6 p.

1546. *Brésil.* (Jean VI et dom Pedro). Ecu., etc. AR. 5 p.

JETONS

1547. *Henri IV, Louis XIII, Louis XIV.* AR. 8 p.

1548. *Louis XV,* jetons variés. AR. 20 p.

1549. *Louis XVI,* id. AR. 23 p.

1550. *Napoléon,* id. AR. 40 p.

1551. *Louis XVIII,* id. AR. 11 p.

1552. Jetons de cuivre, des mêmes règnes. Æ. 218 p.

1553. Jetons divers, personnages célèbres; etc. AR. 16 p.

1554. Même série de jetons en cuivre. Æ. 214 p.

1555. Jeton d'or de *M. de Bignon*, bibliothécaire du Roi en 1767. OR. B.

1556. Jetons pour la Lorraine (plusieurs très-rares). AR. 26 p.

1557. Jeton d'or frappé à l'occasion de la mort de *Charlotte de Lorraine.* PATRI, etc. 1714. OR. F.D.C.

1558. Autre NANC VRB OBT. 1715. OR. F.D.C.

1559. *François III*, couronnement. 1745. OR. F.D.C.

1560. Autre jeton pour la mort. 1765 OR. F.D.C.

1561. Jetons de cuivre pour la Lorraine (plusieurs très-rares). Æ. 160 p.

1562. Jetons flamands (plusieurs très-rares). AR. 35 p.

1563. Même série en cuivre id. id. Æ. 520 p.

1564. Jetons flamands avec les têtes des rois d'Espagne, etc. AR. 340 p.

1565. Jetons maçonniques. AR. 46 p.

1566. Id. id. cuivre. AR. 20 p.

MÉDAILLES ARTISTIQUES

1567. **Charlemagne.** FVNDATOR TEMPLI, etc. Cathédrale d'Aix-la-Chapelle. AR. doré, 5 cent.

1567 bis. **Louis IX** (saint Louis). LVDOVICVS, etc. Le Roi à cheval courant à dr. Æ. 5 cent. Restitut.

1568. **Louis XII et Anne de Bretagne.** Grande médaille de Lyon. Æ. 11 cent.

1569. Même médaille. moins belle d'épreuve.

1570. La même. Le voile de la Reine, gravé.

1571. **Henri II.** OB. RES. IN. ITAL., etc. La Victoire et l'Abondance dans un quadrige à dr. Æ. 6 cent.. dorée.

1572. **Henri III.** HAEC MVLTIS HAEC CVNCTIS. Médaille coulée à l'occasion de la paix simulée de 1588. Æ. 6 cent. dorée.

1573. Médaille coulée en 1574. avec les têtes de Charles IX et d'Henri III; au revers d'Henri III. Æ. 3 cent. 1/2.

1574. **Henri IV.** HENRICUS CVS IIII, etc. Buste du Roi à g.; au-dessus de la tête, une couronne. ℟. NOBIS HAEC OTIA FECIT. Une fontaine décorée d'un enfant à cheval sur un dauphin; sur la base 1605. (Magnifique pièce ovale inédite avec la couronne. AR. doré, 5 cent. 1/2.

1575. **Henri IV et Marie de Médicis.** Buste d'Henri. ℟. Buste de Marie de Médicis. Æ. 4 cent.

1576. **Marie de Médicis.** CVNCTORVM, etc. La France couchée, 1614. Æ. 5 cent.

1577. **Louis XIII.** LVDOVICVS XIII, etc. Façade du Val-de-Grâce. Æ. 6 cent.

1578. **Louis XIII et Anne d'Autriche.** Buste de la Reine; au revers de Louis XIII. DVPRÉ, F. 1627. Æ. 6 cent.

1579. **Louis XIV et sa Mère.** HAEC SOLEM PRAEVIA. Le Soleil dans son char. Æ. 5 cent.

1580. **Anthoine de Lorraine et Renée.** Æ. 4 cent. doré.

1581. **César, duc de Vendôme** ET SVRINTENDANT, etc. Ecusson aux trois lys posé sur deux ancres. Æ. 6 cent. 1/2.

1582. **Pierre Jeannin.** Grande médaille sans revers. Æ. 19 cent.

1583. **Michel Letellier.** ILLIVS SPLENDORE MICANT. Ecusson aux armes sur un manteau. Æ. 12 cent., doré.

1584. **Maleyssie de Pigneroles.** FIDE FORTITVDINE. Façade d'édifice. Æ. 11 cent.

1585. **Maximilien et Marie de Bourgogne.** Médaille aux deux têtes de 1479, médaille d'argent doré avec entourage et chaîne AR. 3 cent.

1586. Autre médaille cuivre doré. Æ. 5 cent.

1587. *Charles le Téméraire.* ℟. Un Bélier, deux Briquets, etc. Æ. 3 cent. 1 2.

1588. *Jean Moulceau*, Lyonnais, par VARIN. Æ. 12 cent.

1589. *Pierre Gassendi*, Id. Id.

1590. *Alphonse* d'Aragon. FORTITVDO, etc. Char à quatre chevaux. Métal de cloche. 11 cent.

1590 bis. *Charles V.* KAROLVS, etc. Buste à gauche avec toque plate. Dans le champ, 1521. ℞. DEM. INVICT. S.S. RO. IMPER. ET HISPA. REX CAROLVS V. FRANCISCVM REGEM FRANCORV BELLO DEVIET CAPTIVAIT. AN°. DNI 1525. 24 FEBRVAR. Gravé en creux en 9 lignes sur un écusson. Æ. 4 cent. Dorée.

1591. *Philippe II.* PHILIPVS AVSTR. CAROLI V. CAES. F. Buste drapé et cuirassé à g. ℞. C. OLIT ARDVA VIRTV. Deux Femmes debout. Le Vice et la Vertu montrant le chemin à Hercule. Æ. 8 cent.

1591 bis. — PACE TERRA MARIQVE. La Paix devant le temple de Janus. AR. 4 cent.

1591 ter. *Anne d'Autriche.* FŒLICITATI PATRIÆ. Palmier. Æ. 4 cent.

1592. *Maximilien et Marie.* IMP. CÆS. MAXIMIL. C. AVG. Buste drapé et cuirassé à dr. ℞. MARIA. IMPER. M.D.LXXV. Buste de Marie à gauche. AR. 6 cent.

1593. *Philippe IV.* DVLCIA SIC MERVIT. Hercule domptant le lion. AR. doré. 3 cent.

1594. *Stanislas I*er (roi de Pologne). STANISLAVS. I. D. G. REX. POL. MAG. DVX. LITHUAN. LOTH ET BARRI. Buste drapé et cuirassé à dr. Signé : F. LALLEMAND. Sans revers. Æ. 18 cent.

1595. Plusieurs lots de Médailles artistiques des XVIe et XVIIe siècles.

ROME — MÉDAILLES DES PAPES (1)

1596. **Saint Pierre, Saint Lin, Anaclet, Clément Ier, Évariste, Alexandre Ier, Sixte Ier**, 2 p. **Télesphore, Hygin**. Æ. 4 cent. 10 p.

1597. **Pie Ier, Anicet, Soter, Eleuthère, Victor**, 2 p.; **Zéphyrin**, 2 p.; **Caliste Ier, Urbain Ier**. Æ. 10 p.

(1) Les numéros cités sont ceux des planches du grand ouvrage de MM. Lenormant, Chabouillé, et intitulé : *Trésor de numismatique et de glyptique.* Grand in-fol.

1598. **Pontien, Autère, Fabien, Corneille, Lucius Ier, Étienne Ier, Sixte II, Denis**, 2 p. **Félix Ier**. Æ. 10 p.

1599. **Eutychien, Caius**, 2 p.; **Marcellin, Marcel Ier, Eusèbe, Miltiade, Sylvestre, Saint Marc, Jules Ier**. Æ. 10 p.

1600. **Libère, Damase**, 3 p.; **Sirice, Innocent Ier, Zozime, Boniface Ier, Sixte III**, 2 p.; **Léon Ier**. Æ. 10 p.

1601. **Hilaire, Simplicius, Félix II, Gélase Ier, Anastase II, Symmaque, Jean Ier, Félix III, Boniface II, Jean II**. Æ. 10 p.

1602. **Agapet Ier, Silvestre Ier, Vigile, Pélage Ier, Jean III, Grégoire Ier, Sabinien, Boniface III, IV et V**. Æ. 10 p.

1603. **Honoré Ier, Séverin, Jean IV, Théodore Ier, Martin Ier**, 3 p. **Eugène Ier, Vitalien, Adéodat**. Æ. 10 p.

1604. **Donus Ier, Agathon, Léon II, Benoist II, Jean V, Conon, Serge Ier, Jean VI, Jean VII, Sisinius**. Æ. 10 p.

1605. **Constantin, Grégoire II, Grégoire III, Zacharie, Étienne II, Paul Ier, Étienne III, Adrien Ier, Léon III, Étienne IV**. Æ. 10 p.

1606. **Pascal Ier, Eugène II, Valentin, Grégoire IV, Serge II, Léon IV, Nicolas Ier, Adrien II, Jean VIII, Martin II**. Æ. 10 p.

1607. **Adrien III, Étienne V, Formose, Boniface VI, Étienne VI, Romain, Théodore II, Jean IX, Benoist IV, Léon V**. Æ. 10 p.

1608. **Christophe, Serge III, Anastase III, Landus, Jean X, Léon VI, Étienne VII, Jean XI, Étienne VIII, Martin III.**

1609. **Agapet II, Léon VIII, Jean XIII, Benoist VI, Donus II, Benoist VII, Jean XIV**, 2 p.; **Jean XV**, 2 p.; **Jean XVI**. Æ. 10 p.

1610. **Grégoire V**, **Jean XVIII**, **Serge IV**, **Benoist VIII**, **Jean XIX**, **Benoist IX**, **Grégoire VI**, **Clément II**, **Damase II**, **Léon IX**, Æ. et un plomb. 10 p.

1611. **Victor II**, **Étienne IX**, **Nicolas II**, **Alexandre II**, **Grégoire VII**, **Victor III**, **Urbain II**, **Pascal II**, **Gélase II**, **Calixte II**. Æ. 10 p.

1612. **Honoré II**, **Innocent II**, **Célestin II**, **Lucius II**, **Eugène III**, **Anastase IV**, **Adrien IV**, **Alexandre III**, **Urbain III**, **Grégoire VIII**. Æ. 10 p.

1613. **Clément III**, **Calixte III**, **Innocent III**, 2 p.; **Honorius III**, **Grégoire IX**, 2 p.; **Innocent IV**, 2 p. **Alexandre IV**. Æ. 10 p.

1614. **Urbain IV**, **Clément IV**, **Grégoire X**, **Innocent V**, **Adrien V**, **Jean XXI**, 2 p.; **Nicolas III**, **Martin IV**, **Honorius IV**. Æ. 10 p.

1615. **Nicolas IV**, **Célestin V**, **Boniface VIII**, 2 p.; **Benoist X**, **Benoist XI**, 2 p.; **Clément V**, 2 p.; **Jean XXII**, 2 p. Æ. 11 p.

1616. **Benoist XII**, **Clément VI**, 2 p.; **Innocent VI**, 2 p.; **Urbain V**, 2 p.; **Grégoire XI**, 2 p. Æ. 9 p.

1617. **Urbain VI**, **Boniface IX**, 2 p.; **Innocent VII**, 2 p.; **Grégoire XII**, 3 p.; **Alexandre V**, 2 p. Æ. 10 p.

1618. **Jean XXIII**, **Benoist V**, **Boniface VII**, **Célestin IV**, **Cletus Ier**, **Jean XX**, **Jean XXIV**, **Énée**, **Félix IV**, **Iginius Ier**, **Innocent II**, **Étienne X**, la papesse **Jeanne**. Æ. 13 p.

Cette curieuse série de 233 Médailles, toutes variées, pourra être vendue en un seul lot sur une mise à prix de 250 fr. Il ne manque que 11 papes et les 8 dernières pièces du n° 1618 ne sont pas mentionnées dans la chronologie.

1619. **Martin V**, n°s 2 et 3, et trois autres revers. Æ. 5 p.

1620. **Eugène IV**, n° 5 et un autre revers. **Nicolas V**, n° 6, et trois autres revers, 4 p. Æ. 6 p.

1621. **Calixte III**, n°s 7 et 8, et un autre revers. **Pie II**, n°s 1 et 2, et un autre revers. Æ. 6 p.

1622. **Paul II**, n° 3, et huit autres pièces. 9 p.

1623. **Sixte IV**, nos 1 et 2, et quatre autres pièces. Æ. 9 p.

1624. **Innocent VIII**, nos 4 et 5. **Alexandre VI**, n° 6, et deux autres. Æ. 5 p.

1625. **Pie III**, n° 8, et une autre. **Jules II**, nos 2, 5, 6, et deux autres. Æ. 7 p.

1626. **Léon X**, n° 1, et trois autres. **Adrien VI**, 5 p. Æ. 9 p.

1627. **Clément XII**, n° 8, et trois autres. Æ. 4 p.

1628. **Paul III**, pl. VII, nos 1, 6, 7, 8, et pl. VIII, nos 3. Æ. 7 p.

1629. **Jules III**, pl. IX, nos 1, 2, 4, 5, 9, et quatre autres pièces. Æ. 9 p.

1630. **Marcel II**, n° 4, etc., 5 p. **Paul IV**, 2 p. Æ. 8 p.

1631. **Pie IV**, pl. XI, n° 3, et pl. XII, nos 7 et 8; pl. XIII, nos 3, 4 et 6; plus six autres pièces variées. Æ. 13 p.

1632. **Pie V**, pl. XIII, n° 8, 2 var.; pl. XIV, nos 3, 4, 5. 6; pl. XV, nos 2, 4, et deux autres pièces. AR. et Æ. 13 p.

1633. **Grégoire XIII**, pl. XV, nos 8 et 9; pl. XVI, nos 1, 4, 7, 8; pl. XVII, nos 7 et 10; pl. XVIII, n° 1, varié, et trois autres pièces. Æ. 13 p.

1634. **Sixte V**, pl. XVIII, n° 6; pl. XIX, n° 7; pl. XX, nos 2, 3. AR. et Æ., nos 8 et deux autres pièces. AR. et Æ. 8 p.

1635. **Urbain VII**, pl. XX, n° 5, 2 var. **Grégoire XIV**, id., n° 9, et 5 autres pièces. Æ. 8 p.

1636. **Innocent IX**, pl. XXI, n° 4, et 4 autres pièces. Æ. 5 p.

1637. **Clément VIII**, pl. XXIII, nos 1 et 10; pl. XXIV, nos 1 et 3, et 2 autres pièces d'argent. **Léon XI**, id., n° 5. AR. et Æ. 7 p.

1638. **Paul V**, pl. XXIV, n° 6; pl. XXV, nos 3 et 6; pl. XXVI, nos 3, 4, 5, et 3 autres pièces. Æ. 9 p.

1639. — Pl. XXVI, nos 2, 11, et 3 autres pièces. AR. B. et TB. 5 p.

1640. **Grégoire XV**, pl. xxvii, n° 1, et 1 autre pièce. Æ. 2 p. TB.

1641. **Urbain VIII**, pl. xxvii, n° 10; pl. xxviii, nos 4, 10, 2 var., 11, 12, et 7 autres pièces. Æ. 13 p.

1642. — pl. xxviii, n° 9, et 3 autres pièces. AR. 4 p. TB.

1643. **Innocent X**, pl. xxix, n° 5, et 5 autres pièces. AR. 6 p. TB.

1644. — nos 3, 5, 6, 7, 8, 9, et 5 autres pièces. Æ. 11 p.

1645. **Alexandre VII**, pl. xxx, nos 7, 9; pl. xxxi, n° 7; pl. xxxii, n° 5. AR. 4 p. F. D. C.

1646. — pl. xxx, n° 4, 7, 8, 9, pl. xxxi, n° 7, 2 var., n° 6; pl. xxxiii, n° 5, 2 var., et 8 autres pièces. Æ. 15.

1647. — pl. xxx, n° 1; pl. xxxi, n° 3, et une plaque. Æ. 4 p.

1648. **Clément IX**, pl. xxxiv, n° 1, sans revers, nos 2, 5, 6, 8. AR. et 3 autres pièces. AR. et Æ. 8 p. TB.

1649. **Clément X**, pl. xxxv, nos 6 et 9, et 2 autres pièces. AR. 4 p.

1650. — nos 1, 6, 7, et 4 autres pièces. Æ.

1651. **Innocent XI**, plaques AR. et étain. 2 p.

1652. — pl. xxxvi, n° 9; pl. xxxvii, nos 1, 2, 3, 5, et 14 autres pièces. Æ. 22 p.

1653. — pl. xxxvi, n° 12; pl. xxxvii, nos 1, 3, 4, 5, et 6 autres pièces. AR. 10 p.

1654. **Alexandre VIII**, pl. xxxvii, n° 10, et 11 autres pièces. AR. et Æ. 9 p.

1655. **Innocent XII**, pl. xxxviii, nos 2, 3; pl. xxxix, n° 2, et 4 autres pièces. AR. 7 p.

1656. — pl. xxxviii, nos 1, 2, 3, 6; pl. xxxix, n° 1, et 6 autres pièces. Æ. 10 p.

1657. **Clément XI**, pl. xxxix, nos 4 et 8; pl. xl, nos 1, 3, 4, 2 var, 6, 7, et 12 autres pièces. Æ. 20 p.

1658. — pl. xxxix, n° 7, et 5 autres pièces. AR. 6 p.

1659. **Innocent XIII**, pl. XL, n° 11, et 5 autres pièces. AR. et Æ. 6 p.

1660. **Benoist XIII.** Médailles d'argent variées. 5 p.

1661. — pl. XLI, n° 2, et 15 autres pièces. Æ. 16 p.

1662. **Clément XII**, pl, XLI, n°s 4, 7, 8. Æ. 7 p.

1663. — pl. XLI, n° 5, et 7 autres pièces. AR. 8 p.

1664. **Benoist XIV**, pl. XLII, n°s 1, 2, 5, 9, et 3 autres pièces. AR. 7 p.

1665. — pl. XLII, n°s 1, 10, et 6 autres pièces. Æ. 8 p.

1666. **Clément XIII**, pl. XLIII, n°s 5, 6, et 5 autres pièces. AR. et Æ. 7 p.

1667. **Clément XIV**, pl. XLIII, n°s 7, 8, 9, et 8 autres pièces. AR. et Æ. 11 p.

1668. **Pie VI**, pl. XLIV, n° 2; pl. XLV, n° 4, 8 autres pièces. AR. et Æ.

1669. **Pie VII**, pl. XLVI, n° 2. Très-belle pièce sans la cassure du coin. Æ. doré.

1670. — Même pièce avec la cassure, et une autre pièce. Æ. 2 p.

1671. — Pièces variées, du même pape. AR. et Æ. 7 p.

1672. **Léon XII**. 2 p. **Grégoire XVI**, n° 6, etc., 6 p. Æ. 8 p.

1673. Lot de médailles doubles des différents papes. Æ. 5 p. TB.

1674. **Innocent VII, Clément XIV, Pie VII.** AR. 5 p.

1675. Médailles doubles, conservation médiocre et pièces satyriques. Æ. 37 p.

MÉDAILLES DES XVIIe, XVIIIe & XIXe SIÈCLES

1676. *Charles IX*, *Henri III*, *Henri III et Catherine*, *Charles X*, *Henri IV*, *Henri IV et Marie de Médicis*. OR. et AR. 8 p.

1677. *Louis XIII*. ARAM. VOVIT, etc.. MDCXXXVIII. AR. 7 cent.

1678. *Louis XIII et Marie de Médicis.* Louis XIV. AR. 2 p.

1679. *Louis XV.* Médailles variées. AR. 12 p.

1680. *Louis XVI.* Médailles variées. AR. 9 p.

1681. *Louis XVI et sa famille.* Médailles variées. AR. 7 p.

1682. Autre lot des mêmes pièces. AR. 9 p.

1683. *République.* Médailles diverses. AR. 8 p.

1684. — Lot des mêmes pièces. AR. 11 p.

1685. Médailles de commissaire du Directoire, id. d'huissier du Tribunal civil, Huissier du Tribunal de l'Escaut. AR. 3 p.

1685 bis. Plaques et décorations diverses. OR. AR. Æ. 7 p.

1686. *Bonaparte, Ier Consul.* Médailles variées. AR. 11 p.

1687. *Napoléon, empereur.* Médailles variées. AR. 39 p.

1688. — Lot des mêmes pièces. AR. 37 p.

1689. *Napoléon, Marie-Louise,* etc. Pièces variées. AR. 11 p.

1690. — Mêmes médailles. AR. 7 p.

1691. *Napoléon, Charlemagne,* ℞. *Frédéric-Auguste, Witikind.* AN MDCCCVI. OR. 4 cent.

1692. *Napoléon. Napoléon et Marie-Louise.* OR. 7 p.

1693. *Louis XVIII.* Pièces diverses. AR. 24 p.

1694. *Charles X.* Id. AR. 17 p.

1695. *Révolution de 1830, Louis-Philippe.* AR. 23 p.

1696. **Angleterre.** *Cromwel et Masaniello.* Grande médaille formée de deux plaques. AR. 7 cent.

1697. — *Charles II.* IN NOMINE, etc. Une flotte. AR. 7 cent.

1698. *Charles Ier, Anne,* etc. AR. 5 p.

1699. **Suisse.** Pièces religieuses, etc. AR. 7 p.

1700. **Allemagne.** *Mathias, Ferdinand, Léopold.* AR. 6 p.

1701. — *Joseph Ier.* Pièces variées. AR. 5 p.

1702. — *Charles VI.* Id. AR. 6 p.

1703. — *François Ier de Lorraine.* Pièces variées. AR. 15 p.

1704. — *Marie-Thérèse*. Pièces variées. AR. 17 p.

1705. — *Joseph II.* Id. AR. 9 p.

1706. — *Caroline* (femme de Ferdinand). Pièces variées. AR. 2 p.

1707. — *Léopold II.* Pièces variées. AR. 7 p.

1708. — *François II.* Id. AR. 6 p.

1709. — Pièces diverses. AR. 21 p.

1710. **Pays-Bas.** *Jean et Corneille de Witt.* AR. 2 p.

1711. — *Martin Tromp*, 1656. OBYT. Æ. 56. AR. 7 cent.

1712. — *Maurice de Nassau.* AR. 2 p.

1713. — *Charles VI.* DEDICAT. VOVETQUE GANDA CÆSARI. OR. 5 cent.

1714. — Même médaille, et 2 autres également pour Gand. AR. 3 p.

1715. — *Guillaume de Nassau.* AR. 6 p.

1716. — *Charles de Lorraine.* Gand, Bruxelles, etc. AR.

1717. — *Charles de Lorraine et Maximilien.* AR. 2 p.

1718. — *Joseph II.* Pièces variées. AR. 7 p.

1719. — *Pierre Petrowich et Mar. Federowna.* AR. 1 p.

1720. — *Marie-Christine et Albert de Saxe.* AR. 7 p.

1721. — *Leopold II.* SIC FOEDERA IVNGVNT, 1791. AR. 2 p.

1722. — *François II.* 2 variétés. AR. 3 p.

1723. — *Guillaud* (archevêque de Gand). AR. 6 cent.

1724. — Plaques des arquebusiers de Gand, etc., etc. AR. 5 p.

1725. — Plaques de décorations, avec le buste de *Van der Noot.* AR. 4 p.

1726. — Autres plaques et décorations. AR. 4 p.

1727. — Médailles de sociétés académiques, etc., etc. AR. 58 p.

1728. — *Guillaume, roi de Hollande.* Pièces variées. AR. 11 p.

1729. — *Révolution de 1830, Léopold,* etc. AR. 24 p.

1730. **Prusse.** *Frédéric le Grand,* etc. Ses successeurs. AR. 13 p.

1731. **Italie.** *Marie-Louise,* 1816, etc. AR. 4 p.

1732. **Suède**. *Charles XII*, *Gustave III*, *Charles XIII*, etc. AR. 12 p.

1733. **Saxe**. *Jean*, *Georges*, etc. Pièces diverses. AR. 12 p.

1734. **Bavière**, **Hongrie**, etc. Pièces diverses. AR. 20 p.

1735. **Russie**. *Catherine et Alexandre Ier*, etc. AR.

1736. **Espagne**. *Philippe IV*. CONCORDIA IVNGIT. AR. 5 cent.

1737. — *Philippe V*, *Charles II*. Médailles pour GAND, etc. AR. 4 p.

1738. *Charles II*, *Charles III*, etc. AR. 4 p.

1739. **Lorraine**. *Charles II*, *François III*, et une autre médaille. AR. 4 p.

1740. Médailles religieuses allemandes, etc. AR. 25 p.

1741. Id. *Luther*, *Jean Hus*. AR. 4 p.

1742. Sous ce numéro seront vendus des quantités de lots de grandes médailles, des règnes de *Louis XIV*, *Louis XV*, *Louis XVI*, *la République*, *l'Empire et la Restauration*. Æ.

1743. Collection des grands hommes français et étrangers, de diverses séries et modules. Æ.

1744. 2 Collections des ducs de Lorraine, de Saint-Urbain. Æ.

1745. Grandes médailles de différents pays. Æ.

1746. Poids en bronze des villes du Midi. Æ.

1747. Plombs byzantins, bulles des Papes, etc. PLOMB.

1748. Quantité de lots de monnaies étrangères par 500 et par 1,000. Æ.

1749. Plusieurs Médaillers entre autres un en très-beau bois pouvant contenir 5 à 6,000 médailles.

1750. Quantité de Lots de Cartons de toutes dimensions.

1751. Un Meuble en bois renfermant une grande Collection d'Empreintes de Pierres gravées, Camées, etc., classées par ordre de Sujets et de Divinités.

1752. Un grand nombre de Lots d'Empreintes en cire et en plâtre de Médailles, Pierres gravées, etc.

SCEAUX FRANÇAIS & ÉTRANGERS

1753. **Beaudouin VI**, de Flandres (empereur de Constantinople). ΒΑΛΔΟΥΝΟϹ ΔΕΠϹΟΤΗϹ. Beaudouin, en costume impérial, assis sur un trône. ℞. BALD, DI GRA. IMPR ROM. FLAN. Z HAIN. COM. Beaudouin à cheval courant à droite. Magnifique bulle d'or. *4 cent.*

Voici la note publiée par M. A. Chalon, dans son ouvrage sur les *Comtes de Hainault*, page XII, sur ce précieux monument :

« L'abbaye de Grœninghe, près Courtrai, possédait, avant 1794, trois chartes auxquelles de semblables sceaux étaient appendus. Lors de l'entrée des Français, ces chartes furent portées à l'Hôtel-de-Ville ; un soldat en arracha les sceaux et les vendit à un orfèvre d'Oudenarde, qui en fondit un ; le second fut acquis par un amateur de Gand, M. Denaeyer, et à sa mort, par le vicomte de l'Espine, à Paris ; le troisième passa en Angleterre, dans la collection du Dr Goodall, puis dans celle de sir Thomas Thomas vendue à Londres en 1844. Il se trouve actuellement dans la riche collection de M. Serrure, à Gand....., etc., etc. »

1754. **SCEL VELV DV. BOIS.** Tronc d'arbre sur un écu soutenu par des ours. Rond. 2 cent. 1/2.

1755. **S. IOHES DE ALSACIA MONACI.** Agneau à g. Ovale. 4 cent.

1756. BRITESTE. Écu aux trois lis. Rond. 3 cent.

1757. **S. GVITTE DE BOVIOLLE.** Trois mouchetures sur un écu. Rond. 2 cent. 1/2.

1758. **S. PONCII DE CADAROSA.** Écu. Rond. 2 cent. 1/2.

1759. **JEHAN CACHIBO.** Saint Jean debout. Rond. Id.

1760. **S. A. CHACBERT.** Loup ou Renard à g. Rond. 1 cent. 1/2.

1761. **S. IACQUES LE CARON.** Écu supporté par un ange. Rond. 2 cent. 1/2.

1762. **S. PETR. EBAUT.** Lion sur un écu. Rond. 1 cent. 1/2.

1763. **IACOBVS DE COMICOURT.** Écu heaumé soutenu par deux lions. Rond. 4 cent. TB.

1764. **G. DE DANGEVT ET DE SOINT?** Écu heaumé soutenu par un loup? et un ours? Rond. 3 cent. TB.

1765. **IEHAN DV FOUR.** Écu heaumé. Rond. 2 cent. 1/2.

1766. **IEHA EMARIC IEHANE M. A.** Écu carré. Rond. 4 cent. 1/2. TB.

1767. **IEHAN ET. BOTNE.** Ecu heaumé soutenu par deux lions. Rond. 3 c.

1768. **S. IEHAN DE GROSEVL.** Ecu. Rond. 2 c. 1/2.

1769. SEEL. D. C. DE MAVVOISIN. EN. AR. Ecu aux trois lis. Rond. 3 c. 1/2.

1770. **SCEL IEHAN LE PLVT.** Ecu avec une scie. Rond. 2 c. 1/2.

1771. **S. FREIRE PIERE DOUPAIREI.** Une fleur dans un cercle à 4 lobes. Rond. 2 c. 1/2.

1772. **S. RENGAS.** Gros lis. Rond. 1 c. 1/2.

1773. IEHAN DE SAVONIRES ESCVIIER SEIGNEVR DE MEAVLNES. Ecu carré. Rond. 2 1/2.

1774. **S. A. BARRU SABATIER.** Ecu. Forme d'écu. 2 c. 1/2.

1775. IEHAN DE SOVVRE. Ecu. Rond. 4 c. 1/2.

1776. **S. GVILLEM. TASON.** Ecu avec un coq. Rond. 2 c. 1/2.

1777. **S. BERTRAN SEIGN. DE TOREVES.** Ecu. Forme d'écu. 4 c.

1778. LACRIMMIS STRATVM. MEVM RAGABO. Figure barbue assise tenant une croix. Rond. 3 c

1779. SIGIL CONV REGII. S HIERON. Saint Jérôme à genoux. Ovale. 5 c.

SCEAUX AVEC NOMS DE LOCALITÉS

1780. (Aquitaine). **SIGILLVM MINISTRI PROVINCIE AQVITANIE.** Saint debout. Ovale. 7 c. TB.

1781. (Saint Androni ? Gironde). **S. H. ARCHIPBRI MONASTI S. ANDRONIS.** Saint debout sous un portail. Ovale. 6 c.

1782. (Aromanches). **S. MAGISTRI RTI. AROMOICENSI.** Grand lis. Ovale. 5 c.

1783. (Auvergne). **S. CANCELLARIE DELPHINAT ARVER COMITAT CLAR Z. TER MERICV.** Ecu aux armes du Dauphiné, etc. (Magnifique sceau.) Rond. 5 c. TB.

1784. (Auxerre). **CONTRA SELLE BEATE ME AVTSSIAV.** Mitre et main tenant une crosse. Rond. 3 c. TB.

1785. **S. CAPELLA DE BERNADETE.** Grand lis. Ovale. 3 c. TB.

1786. (Cambron Hainault ?). **S. ALBERTI D. COLONIA CAMBERIXIN EN.** La Vierge et l'Enfant Jésus. Ovale. 5 c. TB.

1787. (Cluny). SIGILLVM STRICTIORIS OBSEVANTIAE ORD. CLVNIACEN. Saint debout soutenant un écusson rond avec deux clefs et une épée en sautoir, scène du XVIIe siècle. Ovale. 5 c. 1/2.

1788. **S. G. PRIORIS ELISONE.** Grand lis. Ovale. 4 c. 1/2.

1789. (Fontevrault). CONVEN DE ASPINACIO ORDINIS FONTIS EBRALDI. La Vierge et l'Enfant Jésus. Ovale. 5 c.

1790. (Joinville). **S. CAPITVLI ECCLE BEATI. LAVRENCII DE IONIVILLA.** Saint Laurent couché sur le gril. Ovale. 6 c. TB.

1791. (Limoges). **SIGILLVM. CVSTODIE LEMOVICENSIS.** 1535. Evêque debout bénissant. Ovale. 6 c. TB.

1792. (Limoges). SIGIL INRISDIS ABBATIÆ MARTINI LEMOVI CONGRE B. MARIÆ. FVLLI ORD. CISTER. La Vierge et saint Martial debout. (Sceau du XVIIe siècle.) Ovale. 6 c. TB.

1793. **S. GVILHE DE LIMOGES.** Ecu avec un vase rempli de fleurs, etc. Rond. 2 c. 1/2.

1794. **SIGILLVM. THOME PLEBANI SCI LAVRETII.** Saint Laurent debout sous un portique. Ovale. 4 c. 1/2. TB.

1795. (Marmoutiers). ABBAS MAIORI MONASTERII. Ecu couronné aux trois lis avec un banc. Rond. 3 c. TB.

1796. (Montbrison). VILLE DE MONTBRISON. Ecu couronné avec deux maisons, etc. Rond. 3 c. 1/2.

1797. S. W. DE LAVALADA DOCTOR DE MOSAC. Evêque debout; dans le champ, S. OTO. Ovale. 4 c.

1798. (Montemagiore). S. MONASTERM. MOTIS MAIOR. Saint Pierre debout. Ovale. 3 c. 1/2. TB.

1799. **SI. GER'SI. PR'IS. S. MARTINI IN CAMPS.** Les deux Saints et la Vierge sous trois arcades gothiques. Ovale. 5 c.

1800. **S. ECCE SCI MARTINI MEL MAN MAT. MRIV.** Main tenant des verges; en haut, lis; en bas, étoile. Ovale. 4 c.

1801. (Saint-Martin-du-Puy ?). **S. MONASTERII. S. CLARIE. D. S. MARTINO D. PIS.** Saint Martin et sainte Claire debout. (Ce sceau, d'un beau travail, pourrait aussi être italien.) Ovale. 5 c. TB.

1802. **S. IOHIS. SCRIPTORES D. MONTE.** Deux Saints debout. Ovale. 4 c. TB.

1803. (Rebets? près Rouen). **HENRICI. PPOSITI. DE. REBEDME.** Saint Jean debout. Au-dessus, l'Agneau. Ovale. 4 c. 1/2.

1804. (Rochegeuil). **S. PRES. GVIL. D. ROCCAGUILLI.** La Vierge assise. Ovale. 4 c.

1805. (Strasbourg). SIG. PRINCIPIS FERD. MAX, MERIADEC DE ROHAN CATHEDRALIS ECC. ARGENT PRÆPOSITI. Grand écusson aux armes des Rohan; au-dessus, la Vierge. Ovale. 7 c. TB.

1806. **S. DNI. MARTINI PBRI DE THIEMONVILLE.** Aigle sur le sommet d'une fleur. Ovale. 4 c.

1807. (Villeneuve-les-Soissons?). **SCEL DE LA MAIRIE DE VILLENEVFVE-LES-SOISSŌS.** Grande S sur une croix. Rond. 3 c.

1808. (Saintes). **SCEL DE IEHANNE DE SAINTES DAME DV LVGVET.** Écu au lion, etc. Rond. 5 c.

1809. (Id.). **SIGILLVM INDVLGENTIARVM. ECCLIE SĀ PETRI XANTONESIS.** Saint Pierre assis sous un dais gothique; dessous, l'Ecu de France; dans le champ. 14 lis. Magnifique sceau du xvie siècle. Carré. 6 c.

1810. (Villefranche). **S. CVRIE EPS. EXSECVTONIS VILLEFRANCHE DNI NRI REGIS.** Ecu de France avec 14 lis. Rond. 10 c. TB.

1811. (Valence ?). **SICILLVM ANTONII VIRRONVS LICENCIATI IN LEGIB CANONICI VALEN.**

1812. **S. DE LA IVRIDICTŌ DE TAINVILLE.** Saint debout de face sous un dais gothique, champ semé de lis. (Magnifique sceau d'un travail très-fin.) Rond. 2 c. 1/2. TB.

SCEAUX ÉTRANGERS (ITALIE)

1813. **S. PORIS HĒMI. S. MICHALĪ DAGVANO.** Figure encapuchonnée, allant à g., tenant une béquille. Ovale. 4 c.

1814. **S. ARNALDI AVGERI CLICI.** Ecu accosté de deux palmes. Rond. 2 c. 1/2.

1815. **S. AMALVINI ANDREE CANŌ.** Saint debout tenant une palme. Ovale. 3 c. 1/2.

1816. **S. FILIPPI ALESSANDRI.** Ecu dans un cercle à quatre lobes. Rond. 3 c. TB.

1817. **S. BEARNATA.** Ecu avec 6 besants. Rond. 2 c. 1/2.

1818. **S. CAPITANEI ET PRIORVM. P. P. LI MASSANI.** Saint debout de face; à droite et à gauche, un cygne; au bas, trois autres signes. Ronds. 6 c. TB.

1819. **SIGILLV̄ BINDI DNI. PAPE NOT.** La Vierge sous un portail gothique. (Magnifique sceau ciselé au revers.) Ovale. 5 c. TB.

1820. (Cascia). **S. PRIORISSE, HEREMITARUM DE CASCIA.** L'Archange Michel debout, sous ses pieds le dragon. Ovale. 4 c. TB.

1821. SIGILLVM CHOMVNIS COLLODI. Ecu. Rond. 4 c.

1822. **S. FILPI DE CORSINIS MILITIS.** Ecu heaumé; dans le champ, S. B. Rond. 2 c. 1/2. TB.

1823. **SIGILLVM IOANNIS FASEOLI DOCTORIS LEGEM.** Figure imberbe assise à g. la main sur un livre dans lequel on lit : **VIRIS PRVDEN.** (Très-beau travail du XVe siècle.) Rond. 4 c. TB.

1824. (Florence). **S. D. ACINSSII. PASSV̄S COLLECTOR̄S DNI. NPI PAPE.** Ecu avec deux poissons, surmonté de la tête de saint Jean, d'un mouton et de lis de Florence. Ovale. 5 c. TB.

1825. BARTOLOMEVS DE FRESCOBALDVS. Ecu heaumé. Rond. 3 c.

1826. **S. GVALHARDI. D. GORDONII DNI SALVESTRE.** Ecu avec une croix et trois besants. Rond. 3 c. TB.

1827. **SIGILLVM RICCIARDI GVIDICCIONI.** Trois Ecussons : un ours, quatre oiseaux et une feuille. Rond. 3 c. TB.

1828. **S. PETRI ABBATIS MON. SCI. IOHS. D. PIARCANO.** Saint Jean debout sous un dais gothique. Ovale. 5 c. TB.

1829. (Sienne). **S. PARTIS GVELFE CIVITATIS SENARVM.** Lion à gauche tenant une épée, magnifique sceau avec ciselure au revers, probablement du même artiste que le n° 1819. Rond. 5 c. 1/2. TB.

1830. IVLIVS PBR. CADINALIS SCI MAR. Buste d'un Saint à mi-corps. Ovale. 4 c.

1831. **S. CHOMVNIS VSANI.** Ecu avec des flammes; au-dessus, un lis. Ovale. 4 c.

1832. TVTA PVLCRA EST ANIMA. MEA ET MACVLLA NON EST IN TE.. La Vierge debout, dessous un écusson; le champ rempli de plantes, etc. Ovale. 7 c.

1833. (Florence ?) **S. OFFITIALES IDNI ONIM GABELLAM COIS. FLOR.** Cavalier armé de toutes pièces courant; à dr. 2 petits lions placés sur la tête et la croupe du cheval. Rond. 4 c. 1/2. TB.

SCEAUX FLAMANDS, ETC.

1834. (Ypres). SIGILLVM MAIVS, ECCLESIE CATHEDRALIS IPREN ANNO 1560 ERECTE. Prélat assis devant un autel, à ses pieds une figure prosternée. ARGENT. Rond. 7 c.

(Id.). SIGILLVM. MINVS ECCLESIE CATHEDRALIS IPREN ANNO 1460 ERECTE. Saint Martin allant à dr. donnant une partie de son manteau à un pauvre. ARGEN. Rond. 5 c. 1/2.

Ces deux pièces ont encore leur chaîne du temps.

1835. (Id.). SIGILLV CATHEDRALIS ECCLESIE IPREN. Le type ci-dessus. AR. Rond 5 c. 1/2.

COTRE SCEL PPOSITI IPREN. Saint Martin allant à gauche. AR. Ovale. 3 c. 1/2.

Ce beau sceau et son contre-scel sont encore avec la chaîne; mais contre-scel paraît d'une date antérieure, les lettres sont tout à fait gothiques.

1836. INSIEGEL DES STADT HEBENAW ANNO 1629. Saint Michel terrassant le dragon. Ovale. 5 c.

1837. **SIG. DOMINI NICOLAI DE SLVERN.** Porte d'un ville ou d'un château fort. Rond. 5 c. TB.

1838. Sous ce numéro seront vendus plusieurs Lots de Sceaux gothiques et autres non classés.

1839. Plusieurs Lots d'Empreintes de Sceaux en cire, etc.

Renou et Maulde, imprimeurs de la Compagnie des Commissaires-Priseurs, rue de Rivoli, 144. — 5589

www.ingramcontent.com/pod-product-compliance
Ingram Content Group UK Ltd.
Pitfield, Milton Keynes, MK11 3LW, UK
UKHW020930180726
13838UKWH00002B/850

9 782329 385044